AF345847

Joan LUZZARA

NOstupidité

LA NOUVELLE DONNE

Un remède contre la stupidité

« *Tout ce qui est dit ou fait très intelligemment mais, qui conduit au Mal-être, à la Destruction et à la Stagnation est irrévocablement Stupide.* »

Joan LUZZARA

ISBN : **978-2-9558841-1-9**

L'AUTEUR

Joan Luzzara, humaniste convaincu, né en France en 1975, a grandi en Amérique latine depuis sa plus jeune enfance.

Il évolue dans un réel bilinguisme et, parfois, dans la confrontation de deux cultures : la française, se voulant rationnelle et positiviste, et la latino-américaine, d'un esprit pouvant frôler le « magique », mais doté d'un bon sens remarquable.

Cette dualité culturelle l'oblige à assimiler et à comprendre le monde qui l'entoure sous plusieurs angles, tous valables. Ainsi, les notions du vrai et de l'intelligent deviendront des concepts totalement relatifs selon le point de vue culturel.

- Les indiens savent depuis longtemps que les fourmis et les arbres sont des êtres vivants, sensibles et pensants, dotés d'intelligence, alors que cette même constatation est relativement récente dans le monde occidental scientifique.

Questionné par le concept de ce qui est « intelligent » et de ce qui ne l'est pas, il s'est inévitablement intéressé au thème de la stupidité.

*- Comment est-ce possible, que l'humain doté d'une impression-
nante intelligence qui le rend capable de réaliser tout ce qu'il imagine,
utilise trop souvent ce don pour détruire et provoquer le malheur et la
souffrance ?*

*- Après des années de réflexion, il ne reste qu'une seule réponse
convaincante et « absolue » : la Stupidité !*

Toujours intéressé par les idées humanistes, dans le but
de trouver des solutions rationnelles et dotées de bon sens,
pour contrecarrer les malheurs de l'humanité causés par la
stupidité, il s'est ensuite passionné pour le concept de la
« non-stupidité » : la NOstupidité.

Aujourd'hui, il se considère un « NOstupidologue »,
spécialiste en NOstupidologie, science de l'étude approfondie et sérieuse de la NOstupidité.

Convaincu que la Stupidité est le fléau le plus grave et
le plus dévastateur de l'humanité, il pense que nous
sommes tous capables d'inverser la donne en nous orien-
tant volontairement dans une démarche consciente
NOstupide (non-stupide), seul chemin viable pour parvenir au progrès de l'évolution et à la perfectibilité de l'être
humain.

Plus d'information sur : www.nostupidite.fr

À Teresa et Laura pour leur soutien.

Au prêtre G. rencontré dans la montagne. Un soir bien arrosé au whisky, il me disait : « Mon fils! Le paradis et l'enfer, c'est maintenant. Profite bien de la vie et respecte-la, elle est le miracle le plus précieux. »

Mes profonds remerciements à Florence, Lucille, Mathilde, Marc, Martha et Montserrat pour leur relecture et commentaires.

RÉSUMÉ

La Stupidité est un phénomène à part entière, et c'est une erreur fondamentale que de le considérer comme l'antonyme de l'Intelligence. Le seul antonyme de la Stupidité est uniquement son contraire, la NOstupidité (ou la non-stupidité) et non pas l'Intelligence. Au phénomène de la Stupidité, on ne peut pas dissocier les effets nocifs qu'il produit : le Mal-Être, la Destruction, la Régression et la Stagnation de l'Évolution Humaine. Pour que le phénomène de Stupidité se produise, il y a quatre facteurs essentiels qui constituent ensemble un système d'erreurs intrinsèques, ou « Failles Systémiques productrices de Stupidité » : un Système Pédagogique Autoritaire et Naturel pour l'apprentissage par l'Imaginaire ; la Peur ; l'erreur d'associer l'Intelligence comme antonyme de la Stupidité ; et l'État Physique corporel et cérébral.

La compréhension de ce qu'est la Stupidité, permet une autre façon de comprendre l'Intelligence, comme ce qu'elle est vraiment, un phénomène qui découle de tout ce dont sont capables un ou plusieurs cerveaux, sans tenir compte d'aucun qualificatif positif de ce qui peut en résulter. Le seul qualificatif positif qu'on peut alors donner à l'Intelligence est celui de pouvoir produire le phénomène de la NOstupidité (non-stupidité), seul capable de donner des pensées, des raisonnements ou des actes producteurs de Bien-Être et de Construction à caractère Évolutif.

INTRODUCTION

Depuis une éternité, l'humain veut comprendre le monde qui l'entoure, comprendre l'Univers, le pourquoi de l'existence, l'origine des choses, et tant bien que mal, il trouve toujours des réponses à tout. Cependant, une force incompréhensible ne cessera de le surprendre : la Stupidité. « {…} *stultorum infinitus est numerus* » (« {…} il y a un nombre infini de stupides » - *L'Ecclésiaste, 1.15*) [1].

La Stupidité est souvent méprisée, vue de haut, on la banalise, on y pense avec un léger sourire, elle peut même nous faire rire aux éclats. Érasme l'élève pourtant à son paroxysme, en faisant d'elle la « Déesse des déesses », celle qui aurait le pouvoir sur toutes les choses, tous les humains, les dieux, et même l'Univers. Elle est magnifiquement représentée dans son « Éloge à la Folie », ou « Louange à la Stupidité », de son titre d'origine en latin *Stultitiae Laus*, ce qui signifie exactement « Louanges aux Stulticités » (« Stulticité », du latin *Stultitia*).

De nos jours, la Stupidité est un terme mal défini, bien qu'on l'utilise habituellement pour parler de *manque d'intelligence, de raisonnement, de bon sens,* alors que son origine latine vient de « *Stupidus* », qui signifie *rester étourdi, engourdi, stupéfait, interdit, demeurer stupide.* Plus précisément, la Stupidité est l'état dans lequel nous laisse la « Stulticité ». En latin, « *Stultitia (stultus)* » : sottise, déraison, niaiserie, insensé, Fou [2].

La « Stulticité », mot qui semble avoir existé autrefois

en français, de nos jours oublié dans les dictionnaires (car il existe encore en espagnol « *Estulticia* ») [3], est de l'ordre de ce qui bouge follement, sans raison. Contrairement à la Stulticité, la Stupidité est de l'ordre de ce qui reste figé, qui stagne (*Unda quae stupet.* - « L'onde qui est stoppée » ou « L'eau qui est stagnante ») [4]. Actuellement, le terme « Stupidité » regroupe l'ensemble des définitions relatives à la Stulticité et la Stupidité, d'une part, ce qui est *sans raison, sot, fou,* et ce qui *stagne*, qui est *figé*, ce qui n'avance pas.

Cette définition longue et compliquée de la Stupidité nous permet de comprendre que de celle-ci rien de bon n'en découlera jamais. De la Stupidité, il résulte toujours quelque chose qui ne va pas bien, qui n'est pas correct, disgrâce, mal-être, pertes et toute autre conséquence négative, même si parfois elle peut nous paraître drôle et amusante.

En d'autres termes, nous avons tendance à penser que la caractéristique principale de la Stupidité est justement le manque d'Intelligence. Il n'existe pas une « Stupidité Intelligente », ce qui implique que la Stupidité est toujours reliée à l'idée de « Mal Comprendre » les choses. Et par conséquent, ce qui d'ailleurs paraît être de bon sens à tout le monde, est de penser que ce qui mène à la « Bonne Compréhension » est justement l'Intelligence, laquelle on suppose être le contraire de la Stupidité.

Ceci dit, il reste tout de même une interrogation qui contredit l'idée que nous nous faisons de l'Intelligence.

Comment est-il possible que quelqu'un d'intelligent, d'instruit, d'érudit, soit capable de dires et d'actes stupides ?

Il faut le reconnaître, nous ne connaissons absolument personne d'intelligent ou pas, d'instruit ou pas, de mauvais ou bon, qui n'ait jamais commis une erreur, ou une stupidité. Nous avons tous, un jour, dit ou commis une stupidité, dit ou occasionné une disgrâce, à nous-même ou aux autres, de la manière la plus irrationnelle, et stupide qui soit. Soyons honnêtes, absolument tout le monde est capable de Stupidité.

Il semble logique que plus une personne est intelligente et instruite, moins il y a de probabilité qu'elle commette des actes stupides et énonce des propos stupides, car elle sera capable de se maîtriser, en toute sagesse, au moment crucial où la stupidité s'emparera d'elle.

Pourtant, l'histoire de l'humanité démontre constamment le contraire : malgré le niveau d'étude ou d'intelligence des personnes, la stupidité sera toujours présente pour provoquer le Mal-Être et parfois la Destruction dans les circonstances les plus stupides. Personne n'échappe à l'emprise de la stupidité. Une personne très intelligente, peut aussi, faire preuve de grande stupidité.

Tout ceci nous ramène à cette confusion qui questionne ce qu'est l'Intelligence par rapport à la Stupidité, ou, du rapport qu'a la Stupidité avec l'Intelligence.

Depuis des siècles, bien du monde s'est penché sur le sujet. On attribue comme causes de la Stupidité, la malveillance, l'égoïsme, l'individualisme, la perversité, la paresse, l'ego, la peur, et pourtant la question se pose encore et encore, et il ne semble pas y avoir de réponse claire et définitive.

Outre les causes de la Stupidité, le problème prend une réelle importance, quand une personne possède du pouvoir sur un grand nombre de gens, voire sur un pays, alors sa propre Stupidité peut prendre une ampleur dévastatrice et catastrophique. Cette problématique nous fait comprendre clairement, qu'une personne peut s'avérer extrêmement intelligente et en même temps faire preuve de grande Stupidité, tout en possédant un grand pouvoir.

La relation qui existe entre le Pouvoir et la Stupidité [5] est un problème d'une importance cruciale, car plus une personne a de Pouvoir, plus importantes sont les répercussions de sa Stupidité. N'oublions pas qu'il ne découle jamais rien de bon de la Stupidité mais bel et bien le Malheur et la Destruction.

Il faut bien comprendre que dans la notion de Stupidité, autre que ses caractéristiques de Déraison, Manque de Bon Sens, Folie, on peut ajouter le Mal-Être, la Destruction, mais aussi, l'idée du Recul, d'aller dans le Sens Contraire des choses, d'aller dans le sens de ce qui n'Évolue Pas, de ce qui Stagne, qui reste figé (*Unda quae stupet*. L'eau qui est figée, Stagne). Pour être plus clair, la Stupidité implique la Stagnation et la Non-Évolution des choses.

Si nous parlons, par exemple, d'une société qui évolue, cela devrait impliquer qu'elle évolue « Intelligemment », c'est-à-dire, vers son progrès et son Bien-Être.

Une société qui évolue « Stupidement » ne peut qu'aller vers son Mal-Être, voire vers sa Destruction, car, elle n'évolue pas « Intelligemment ». C'est du Bon Sens !

Aussi, il est vrai que nous pouvons penser que la relation qui existe entre l'humour et la Stupidité, est une chose qui n'est ni nocive, ni destructrice, mais plutôt bénéfique.

Certes, quand la Stupidité reste légère, elle peut toujours nous faire rire, mais quand elle dépasse les frontières du risible, elle devient alors catastrophique et dévastatrice. À cause de son effet néfaste sur tout ce qu'elle touche, il est impossible d'ignorer son importance. La « Déesse des déesses », comme le suggère Érasme, n'a pas de limite et elle est dans tout ce qui existe.

Mais revient encore cette question cruciale en rapport étroit avec la Stupidité. Pourquoi, des gens très intelligents, cultivés, des prix Nobel, des scientifiques et même des philosophes, peuvent tous, à un moment donné, faire preuve de dires et d'actes Stupides ? La Stupidité serait-elle une entité à part entière, qui s'infiltre dans l'Intelligence inévitablement ? Dans tous les cas, ce qui est sûr, c'est qu'elle remet en cause l'Intelligence et questionne par là même ce qu'elle Est. Qu'est-ce que la Stupidité ? Voilà une question à laquelle il est difficile de répondre.

Avant d'aller plus loin dans ce questionnement et de présenter une réponse, je me sens obligé de faire une parenthèse pour parler de ma motivation, et pourquoi pas, mettre à l'épreuve ma légitimité à parler sérieusement du sujet de la Stupidité.

Je dois reconnaître, que je suis depuis toujours un passionné de la Stupidité, tant qu'elle reste du domaine du risible, et j'avoue adorer passer de très bons moments en sa compagnie, sauf, évidemment, quand elle dépasse les limites de la plaisanterie et devient destructrice, ignoble et détestable.

La Stupidité est un phénomène étrange que tout le monde a pu expérimenter. Elle est comme un esprit qui nous possède tous, avec lequel nous grandissons, qui nous accompagnera tout le long de notre vie, et avec qui... nous mourrons, un jour.

Il est vrai que la Stupidité des autres est plus facile à constater, et que l'on a tendance à ne pas vouloir remarquer la nôtre, tant elle peut nous faire honte ou nous remettre en question. Nous préférons penser que ce problème ne nous concerne pas personnellement, et pourtant la Stupidité est bien là, dans chacun de nous. Sans avoir eu besoin de faire des études de « Stupidologie », nous sommes tous maîtres en la matière. Pour s'en apercevoir, et je le dis sans aucune ironie, il suffit de faire une petite introspection, ne pas trop se prendre au sérieux, rire un peu de soi-même, prendre du recul, et notre Stupidité intérieure affleurera.

Je n'ai moi-même pas fait d'étude de « Stupidologie », je ne suis pas un « Stupidologue », néanmoins cela fait plusieurs années que je réfléchis sérieusement sur le sujet, que je fais des recherches dans plusieurs domaines pour comprendre la Stupidité, et que je me considère, après tout, pourquoi pas, non pas être un Stupidologue, mais bel et bien un NOstupidologue, une personne qui étudie la NOstupidité (le non-stupide), et par conséquent la Stupidité, de manière Non-Stupide (Voir dans Définitions : NOstupidologue et NOstupidité).

On pourrait penser, qu'il faudrait être psychologue, ou docteur en neurologie, ou philosophe, en somme être un intellectuel notoire pour s'autoriser à faire des recherches sur la Stupidité ou la NOstupidité, et ainsi arriver à des conclusions légitimes. Dans ce sens nous pouvons citer des personnalités qui se sont intéressées de près au sujet comme Carlo M. Cipolla [6] qui était professeur en histoire économique, Giancarlo Livraghi philosophe et publiciste, Érasme philosophe et théologien, mais aussi, pourquoi pas, Albert Einstein pour sa célèbre phrase humoristique ; « Deux choses sont infinies : l'Univers et la stupidité humaine. Et encore, je ne suis pas certain de l'infinité de l'Univers ». Et pourtant, même des prix Nobel comme Charles Richet, qui s'est intéressé sérieusement au sujet dans son ouvrage *L'homme stupide* [7], a écrit un des livres les plus racistes et stupides jamais connus.

Parfois, l'empirisme est plus révélateur que le rationalisme théorique, dans le sens qu'il se base principalement sur l'expérimentation et la constatation des erreurs, pour chercher les solutions aux problèmes, et arriver, seulement alors, à des conclusions théoriques. C'est justement cette méthode empirique, et non moins scientifique, que j'ai utilisée pour extraire des conclusions sur la Stupidité.

Je considère, que je suis une personne comme tout le monde, potentiellement intelligente mais, parfois aussi, Stupide. Je base donc mes recherches et mes conclusions, bien évidemment en observant la stupidité des autres, mais aussi, ma propre Stupidité intérieure. C'est-à-dire, chercher la cause de mes propres actes et dires stupides.

C'est dans cet esprit, que je me suis autorisé, en toute modestie, mais très sérieusement, d'engager mes propres recherches sur la Stupidité, puis, après plusieurs conclusions, de proposer une nouvelle définition de la Stupidité, et une nouvelle définition de l'Intelligence, qui n'auraient, justement, aucun rapport antonyme entre elles, ce qui est contraire à notre habitude, et qui permet d'expliquer le Stupide dans l'Intelligence.

Pour compléter les démonstrations de cet essai, je choisis de créer certains termes comme « NOstupidité » (non-stupidité) par opposition à Stupidité, à réintégrer dans la langue française le terme de « Stulticité » (s'il y a eu oubli lexical dans les dictionnaires), et de créer le terme de « NOstulticité » par opposition à « Stulticité », ainsi que les concepts de « NOstupidologie » et « NOstupidologue ».

De plus, même si cela paraît d'une extravagance insensée et ridicule, je proposerai sérieusement une série de concepts et de raisonnements simples, qui pourraient ensemble représenter une méthode pour remédier à la Stupidité.

Pour finir, j'ai ajouté à cet essai « Les Règles Fondamentales de la NOstupidité », des définitions et des annexes, pour évoquer des thèmes cruciaux dont certains ont déjà été traités par d'autres avant moi, mais qui sont d'une importance telle, qu'il m'a paru nécessaire d'en reparler sous un nouvel angle, comme sont : « Stupidité et Humour », « Stupidité et Prévisibilité », « Pouvoir et Stupidité », « Désobéissance à la Stupidité », mais aussi, « Légitime Défense envers la Stupidité ».

N'étant pas un chercheur universitaire, j'essaye tout de même d'écrire cet essai avec beaucoup de sérieux, voulant lui donner un caractère scientifique et pédagogique à la fois, et espérant ainsi, qu'avec cette modeste contribution, un jour, nous puissions mieux comprendre ce phénomène qu'est la Stupidité, et le considérer, peut-être, comme le principal et unique fléau de l'humanité, celui qui empêche la « perfectibilité » de l'être humain. Il ne faut pas oublier, que nous sommes tous potentiellement stupides, dotés d'intelligence, et à la fois capables de produire de la NOstupidité (non-stupidité). Le jour où nous serons des millions à vouloir traiter et résoudre sérieusement le problème de la Stupidité, nous aurons commencé à marquer avec clarté un progrès définitif pour l'Évolution Humaine.

LES QUATRE FAILLES SYSTÉMIQUES PRODUCTRICES DE STUPIDITÉ

Quatre failles systémiques produisent ensemble le phénomène de la Stupidité : 1) Un Système Pédagogique Autoritaire Naturel pour l'Apprentissage de l'Imaginaire par l'Imaginaire ; 2) La Peur ; 3) L'Erreur Temporaire d'Associer l'Intelligence comme Antonyme de la Stupidité ; et 4) l'État du Physique corporel et cérébral.

1. Première Faille Systémique - Faille Systémique d'Apprentissage : Croire-Comprendre : Un Système Pédagogique Autoritaire Naturel pour l'apprentissage de l'Imaginaire par l'Imaginaire.

Une des causes de notre tendance Stupide est que nous sommes faits pour Mal-comprendre les choses et croire avec certitude que nous les avons bien comprises. Heureusement, nous avons une tendance NOstupide (non-stupide) qui peut nous permettre de comprendre nos erreurs de jugement.

L'humain est tout d'abord un animal, cela veut dire qu'il se laisse guider tout naturellement par son naturel animal. Cela implique bien entendu, qu'il agit en fonction de la satisfaction de ses besoins d'animal, comme se procurer de la nourriture, procréer etc., mais il va aussi écrire, compter, philosopher, aller dans l'espace, entre autres activités purement humaines. En suivant sa nature, l'humain apprendra à passer de l'état purement « Animal Humain Primaire », à l'état « Animal Humain Évolué ». Pour y parvenir, il sera soumis à différentes étapes d'éducation (voire de « dressage ») ce qui aura pour résultat de le pousser à évoluer.

Mais il y a une « Erreur » ou une « Faille Systémique »

dans le système naturel d'apprentissage humain, qui provoquera de manière inévitable, une orientation vers le phénomène de la Stupidité. Cette Faille Systémique d'Apprentissage, est celle d'apprendre par un Imaginaire Imposé qui nous fait Croire que nous Comprenons. Et par conséquent, croire que nous comprenons correctement les choses, même si elles sont fausses. Nous « croyons-comprendre ».

1. 1. Système Pédagogique Autoritaire Naturel

Tout d'abord, il faut comprendre que, dès le début de l'apprentissage humain, il y a une démarche Autoritaire, Naturelle, Animale et Primaire, qui va du Dominant vers le Subordonné, du Parent vers l'Enfant. L'Enfant-Subordonné apprend le monde qui l'entoure grâce aux dires du Parent-Dominant sans avoir la possibilité, ni la capacité intellectuelle suffisante, de remettre en question ce qu'on lui dit. Plus simplement, l'humain, dès sa plus jeune enfance, prend l'habitude d'apprendre à Croire ce qu'on lui dit, et à Croire qu'il comprend. En d'autres termes, il Croit qu'il Sait, mais sans savoir vraiment.

- C'est le père Noël qui apporte les cadeaux - expliquera la mère à son fils de trois ans.

C'est de manière naturelle que l'éducation implique nécessairement un Autoritarisme, dans le sens qu'elle va toujours du Dominant vers le Dominé, et c'est ce même système d'apprentissage que suivra l'humain tout au long de sa vie.

Par conséquent, cela implique, que de manière naturelle, l'apprentissage des choses a pour norme de ne pas être remis en question et provoque le phénomène de « Croire-Comprendre » en pensant que nous comprenons vraiment. Évidemment, cela implique de Mal-Comprendre, ce qui induira par la suite à des pensées, des raisonnements et des comportements stupides.

1. 2. L'Imaginaire pour apprendre à comprendre

C'est par l'Imaginaire qu'on apprend à comprendre. C'est par l'image, et par les images qu'on se fait des choses, qu'on apprend à comprendre. Autrement dit, c'est en Croyant à ce qu'on imagine, qu'on apprend à comprendre, et que nous croyons que nous avons compris. Et cela, même si en réalité nous n'avons pas compris.

- Si l'Autorité (parent ou professeur) dit à l'Enfant (son Subordonné) que le Soleil tourne autour de la Terre, l'enfant comprendra, en imaginant, en mettant en images, que le Soleil tourne effectivement autour de la Terre.

- De la même façon, et à l'opposé de l'exemple antérieur, si l'Autorité explique que c'est la Terre qui tourne autour du Soleil, alors, l'Enfant, grâce à sa capacité d'imaginer pour pouvoir comprendre, comprendra que c'est la Terre qui tourne autour du Soleil et non pas l'inverse.

Par ces deux derniers exemples, nous voyons clairement comment l'enfant (et l'humain en général) ne remet pas en doute son apprentissage, car ce système d'apprentissage, celui de comprendre étant soumis à un « autoritarisme-pédagogique » et par ce moyen de comprendre par l'imagination (créer un imaginaire), fait partie de sa constitution animale naturelle. En d'autres mots, son mécanisme d'apprentissage naturel et primaire, implique tout d'abord de ne pas remettre en doute, et par conséquent, lui donne la possibilité (ou l'inconvénient) d'apprendre des choses qui peuvent être fausses ou vraies, sans qu'il puisse s'en rendre compte.

1. 3. Croire-Comprendre

Pour récapituler autrement, la « Faille Systémique » dans l'Autoritarisme Naturel d'Éducation, c'est d'imposer un imaginaire préconçu, qui nous fait comprendre le monde qui nous entoure, ou, plus précisément, nous fait Croire qu'on Comprend le monde qui nous entoure. Ce qui implique automatiquement la possibilité de se tromper dans la compréhension des choses.

Comme cette forme d'apprentissage, basique, primaire et naturelle, fait partie de notre évolution intellectuelle, non seulement on a tendance à ne pas la remettre en question, mais, on reproduit ce système pédagogique avec tout ce qui s'ensuit, menant dans la plupart des cas à des raisonnements et des actes erronés, et donc, pourquoi pas, Stupides. C'est par notre nature même, que nous apprenons à Mal Apprendre.

Nous sommes, humains, faits de telle façon, que nous apprenons à mal comprendre en croyant que nous avons bien compris. Ou, en d'autres termes, nous sommes faits pour comprendre les choses en les imaginant, et, pour imaginer que nous les comprenons, sans avoir aucune certitude de leur véracité, on Croit-Comprendre.

- On nous dira que Dieu a créé le monde, que Dieu a créé Adam et Ève, et que nous sommes tous descendants d'Adam et Ève.

- Au Mexique, les Aztèques assuraient que les premiers hommes et femmes étaient faits de maïs.

1. 4. Croire-Savoir

Beaucoup plus souvent qu'on le croit, on ne sait jamais rien, mais on ne fait que Croire qu'on Sait. Nous sommes persuadés de Savoir parfaitement certaines choses, alors que dans le fond on ne fait que Croire-Savoir qu'on les sait.

Tout comme on ne pourra jamais comprendre vraiment le pourquoi de l'existence des choses, on ne pourra jamais Savoir si l'Univers est vraiment infini, ou fini. Nous imaginons que l'Univers est infini, nous Croyons-Savoir qu'il est infini, cela nous paraît logique, mais nous n'en avons vraiment pas la certitude.

Bien sûr, il n'y a pas de l'incertitude dans tout, nous pouvons parfaitement avoir la certitude que nous vieillissons et qu'un jour nous mourrons, car nous en avons été témoins autour de nous. Mais de ce qu'il y a après la mort, nous n'en savons rien, alors, nous l'imaginons. Pour certains, il n'y a rien après la mort, pour d'autres, il y a la réincarnation, le paradis, et tant d'autres suppositions.

Il y a tellement d'évènements dans l'histoire de l'humanité qui, à un moment donné, ont été donnés pour vrais et qui, par la suite, se sont révélés faux. Tout comme longtemps on a cru que les animaux ne pensaient pas, alors qu'aujourd'hui on sait qu'ils pensent et qu'ils sont des êtres sensibles.

La plupart du temps, personne ne Sait vraiment. Tout le monde Croit ce que quelqu'un nous dit de quelque chose.

Pour cohabiter en société et former un groupe uni, nous avons l'habitude de Croire ce que l'on nous dit sans jamais vérifier, ainsi, ensemble nous cohabitons avec les mêmes idées, les mêmes concepts, les mêmes coutumes, conventions, ou « cosmovisions ». Bien entendu, nous n'avons jamais le temps ni la possibilité de tout vérifier, et savoir si ce qui nous unit est vrai. C'est justement à cause de cette « Faille Systémique d'Apprentissage », qui nous unit, que nous avons tendance à tout croire.

- Certains assurent que le communisme est la meilleure façon d'organiser une société. D'autres assureront que c'est le socialisme, ou la démocratie, ou le capitalisme libéral, etc.

De ce fait, nous commettons l'erreur de Croire-Savoir ce qu'on nous dit, en étant persuadé d'avoir acquis un véritable savoir. Ceci est la cause de beaucoup de Stupidité. Surtout, quand une Autorité assume le Pouvoir ou la Reconnaissance de posséder un savoir qui nous est inconnu, alors nous acceptons pour Vrai tout ce qu'elle nous dira.

- En France, des spécialistes ont dit pendant longtemps que le vin était bon pour la santé. Aujourd'hui, il s'avère qu'il pourrait être cancérigène.

Combien de fois, lors de notre enfance et même à l'âge adulte, nous avons considéré que les dires de nos parents sont vrais sans même les remettre en question ?

Combien de fois, avons-nous lu ce type de phrase précédée par les mots « *professeur* » ou « *université* » pour nous conditionner à admettre une information que nous ne connaissons pas et que nous n'avons pas vérifiée ? « D'après les recherches du Professeur X, de l'Université de X de Californie, les effluves des vaches sont une des causes principales du réchauffement planétaire… ». Et si le *Professeur X* s'était trompé ? Ou, plutôt, si l'information retransmise par un journal avait été détournée pour nous faire oublier que les véritables principaux problèmes du réchauffement planétaire sont les usines, les puits de pétrole, la déforestation massive ?

Combien de fois, avons-nous vérifié que ce qu'on nous dit est Vrai ? Soyons sincères, de manière générale, pratiquement jamais, et cela, pendant toute notre vie, car, c'est notre Système Pédagogique Autoritaire et Naturel qui nous conduit à cette pratique.

Il faut le reconnaître, nous savons tous beaucoup plus de choses qu'on nous a assuré être vraies, que dont nous ayons vraiment la certitude qu'elles soient vraies.

Nous tous, sans exception, nous nous faisons une image et une idée d'un monde dans lequel nous vivons, à partir de choses qu'on nous a dites, et qu'on a dites à d'autres avant nous, et que nous répétons par la suite, sans jamais rien vérifier. Nous vivons dans un monde que nous Croyons-Savoir et que nous Croyons-Comprendre, mais que nous ne Savons Pas avec certitude.

D'ailleurs, ce monde est sûrement beaucoup plus faussé que nous le croyons. Chaque fois que les scientifiques ou les chercheurs progressent dans leurs études, ils ne font que redécouvrir un monde qui remet souvent en question les observations précédentes.

Americo Vespucci ou Christophe Colomb ont-ils vraiment découvert l'Amérique ? Pourtant, il y avait déjà des gens qui habitaient là-bas avant qu'ils ne touchent les côtes.

Nous croyons tout, nous sommes faits d'abord pour Croire que nous Savons, Croire que nous Comprenons, c'est dans notre nature première et animale propre, depuis notre plus jeune enfance, que nous avons appris à Croire-Comprendre. Autrement dit, notre nature, ne nous permet pas de comprendre vraiment avec certitude. Sommes-nous alors destinés à avoir une tendance Stupide ? Oui. Mais heureusement, nous avons aussi une tendance naturelle NOstupide (non-stupide) qui nous permet de comprendre nos erreurs stupides.

2. Deuxième Faille Systémique : la Peur

La Peur et le Désir sont dans toutes les choses qui font bouger le monde animal. Le Désir nous fait avancer vers les choses. La Peur nous fait reculer et provoque les raisonnements et les actes Stupides. C'est ne pas avoir Peur de la Peur qui est NOstupide (non-stupide) et qui nous fait évoluer.

Le Désir et la Peur sont dans toutes les choses qui animent le monde animal. Le Désir peut-être inspiré par la Curiosité, invite à aller vers les choses et à les vouloir, et la Peur rétracte le mouvement par prudence.

Le Désir et la Peur vont de pair, mais c'est la proportion, ou l'interaction des différences de dosage de Peur et de Désir envers une même chose, qui nous fera réfléchir et agir d'une manière ou d'une autre.

Avant d'approfondir sur la Peur, la considérant comme un des éléments productifs d'actes Stupides, je vais parler du Désir, et expliquer pourquoi, je ne considère pas ce dernier comme un élément générateur de Stupidité, comme on pourrait parfois le penser.

2. 1. Le Désir

On a tendance à penser que le Désir peut être un élément qui conduit à des actes Stupides (producteur de Mal-Être et de Destruction, éléments fondamentaux qui résultent de la Stupidité).

Mais après plusieurs constatations et réflexions, je me suis vu obligé de reconnaître qu'il n'y a pas de lien entre le Désir et les conséquences qui résultent de la Stupidité. Je me propose de le démontrer avec une série d'exemples concrets, car par la pure explication théorique la compréhension reste ambiguë.

Prenons l'exemple d'une personne qui a un haut niveau de cholestérol. Pour cette personne, il n'est évidemment pas bon de manger de la crème de chocolat. Mais bien que cette personne en soit consciente, elle ne résiste pourtant pas à la tentation de son Désir de manger six petites cuillerées de cette délicieuse crème. Son acte n'est pas raisonnable, mais tout de même, ce ne sont pas six cuillerées qui vont aggraver sa maladie de manière conséquente. Disons que son acte conduit par le Désir reste Stupide mais sans grand danger.

Par contre, si cette même personne mange tous les jours un pot entier de crème de chocolat d'une seule traite, parce qu'elle n'arrive pas à résister à son Désir (sa tentation), alors dans ce cas, le problème dépasse la limite du raisonnable. Et cela veut dire qu'elle n'est pas capable de se retenir de manger la crème de chocolat, et que le plaisir répété mais excessif, cache en réalité une angoisse refoulée (une Peur) qu'elle tente d'oublier par le plaisir de manger le pot entier. Dans cette extrême gourmandise, nous ne sommes plus dans le contexte, où, le Désir est responsable de l'acte Stupide (contre la santé de la personne), mais bien dans celui de la Peur refoulée (l'angoisse).

Un autre exemple concernant le Désir serait celui d'un homme qui trompe sa femme avec la meilleure amie de celle-ci. Dans ce cas, le Désir a fait commettre un acte Stupide (producteur de Mal-Être pour la femme trompée). Mais si la tromperie ne se sait pas, et ne se répète pas, les conséquences du Malheur et de la Destruction qu'engendre la Stupidité sont quasiment nulles, sauf peut-être, l'acquit de conscience pour celui qui trompe (angoisse, doute, mauvais sommeil etc.).

Par contre, si sa femme venait à se rendre compte de la tromperie, et que cela provoque la séparation du couple, alors oui, on pourrait penser, qu'à cause du Désir, il y a eu une conséquence de Mal-Être et de Destruction pour le couple. Mais si nous y réfléchissons bien, ici encore le Désir n'y est pour rien, c'est bel et bien la Peur qui en est la cause.

Il est facile d'imaginer que si la femme se rend compte de la tromperie de son mari, cela implique d'abord qu'elle soit prise de stupeur en apprenant la mauvaise nouvelle, puis de chagrin, de colère, d'un sentiment de trahison, de manque de confiance envers son époux, et peut-être aussi envers elle-même, etc.

Mais là encore, tous ces sentiments sont liés à des réactions de Peur et non pas de Désir (**Stupeur** : peur qui laisse figé, paralysé, peur de l'incompréhension. **Chagrin** : peur de ce qu'on perd. **Colère** : réaction d'autodéfense, peur de perdre ce qu'on Est, de perdre son intégralité. **Sentiment de Trahison** : la Peur de reconnaître sa propre solitude et Peur de n'être pas soutenu. **Perte de confiance envers l'autre** : sans confiance, on a peur d'être seul et de se faire à nouveau agresser par la personne en qui on n'a plus confiance). Encore dans cet exemple, le Désir n'est pas le problème, mais la Peur qui s'est annexée au problème.

Un autre cas de figure extrême, pourrait être celui d'un homme qui a un Désir démesuré de devenir Empereur. Dans ce cas, il faut que cet homme soit prêt à tout pour s'approprier du pouvoir, il devra sûrement conspirer, causer des pertes humaines, et par conséquent causer le Mal-Être et la Destruction à autrui (signes des actes Stupides).

Mais ici encore, ce type de Désir démesuré (que possèdent par ailleurs certaines personnes comme des stars, des politiciens, des chefs d'entreprise, et sans vouloir faire d'amalgame, certains psychopathes, etc.), correspond beaucoup plus à un problème d'ego, ce qui est une Peur de ne pas Être. Là aussi, le problème ne tient pas du Désir mais de la Peur.

Encore un exemple plus extrême, le Désir de faire du mal à autrui et d'en ressentir un plaisir jubilatoire, comme pourraient l'expérimenter les sadiques ou les tueurs en série.

Dans ces deux cas, ce type de « plaisir » correspond souvent à la mémoire d'une souffrance vécue lors de l'enfance (de la part du sadique), ce qui correspond à des Peurs qui, pour être refoulées ou « évacuées », s'expriment dans les actes sadiques (plaisir de la destruction de l'autre). Là aussi, le « désir de faire du mal », est en lien avec la Peur de l'existence (vouloir Détruire) et non pas avec le Désir de l'existence (vouloir Construire). Ici encore, le Désir n'est pas la cause des actes Stupides, mais bel et bien, la Peur.

Le Désir n'est pas lié à la souffrance, c'est la Peur qui en est intimement liée. Le Désir de faire du mal ou de tuer appartient au domaine de la Peur. C'est parce que nous avons Peur de certaines choses que nous les fuyons, que nous leur voulons du mal, ou leur destruction, et non pas, parce que nous les désirons.

L'idée que le Désir pourrait être la cause de la Stupidité, en réalité, il n'en est rien, c'est quand la Peur s'infiltre dans les choses que la Stupidité émerge. Plus l'ampleur de la Peur est grande, qu'elle soit réelle ou supposée, alors plus la conséquence des actes Stupides est importante.

C'est pour toutes ces raisons que j'ai décidé d'« incriminer » la Peur comme une des Failles Systémiques qui engendre la Stupidité, et non pas le Désir, même s'il existe un lien indiscutable entre les deux éléments.

2. 2. La Peur

En ce qui concerne la Stupidité, c'est bien la Peur qui domine l'affaire. Alors que le Désir a un rôle évolutif, il va vers l'avant, vers ce qui devrait être Bon, il nous fait Évoluer.

La Peur, elle, a une démarche semblable à celle de la Stupidité, elle est de l'ordre des choses qui se rétractent, qui se figent, qui stagnent, qui déraisonnent et détruisent.

La Peur peut aller jusqu'à paralyser la pensée et nous faire agir dans le sens contraire de ce qui devrait être fait correctement.

Bien sûr, on peut supposer que le Désir peut provoquer le même phénomène de déraison et faire agir incorrectement, mais c'est une erreur de le penser, car c'est seulement quand la Peur infiltre le Désir, qu'alors les pensées et les actes Fous et Stupides se produisent.

Imaginons encore un exemple sans la présence de la Peur : Un enfant affamé, seul, devant un seul bol de riz. L'enfant répond à son Désir de manger, sans ressentir la Peur d'aucune contrainte qui pourrait l'empêcher de satisfaire son Désir. Il prend le bol entre ses mains et mange le riz.

Maintenant, imaginons deux enfants affamés devant un seul bol de riz. Dans ce cas, le Désir de chaque enfant (de manger le riz), sera menacé par la Peur de ne pas posséder le riz à cause de son concurrent. Cela conduira les deux enfants à se disputer pour s'emparer du bol, se battre et faire tomber du riz par terre.

Dans ce dernier exemple, c'est bien encore la Peur qui conduit vers l'erreur de réflexion et les actes Stupides, et non pas le Désir.

Le Désir est simple, il ne comporte rien d'autre qu'une démarche d'aller vers l'avant, d'aller vers les choses, d'avancer, alors que la Peur va modérer la démarche du Désir, la rétracter, ou l'induire en erreur.

C'est justement quand la Peur de ne pas aboutir à ce qu'on désire, dépasse la limite du raisonnable, alors, les conduites Stupides apparaissent, qu'elles soient sous les formes du raisonnement, du dire ou des actes.

D'autre part, même si cela paraît paradoxal, cette faculté de la Peur, d'engendrer le Stupide, n'a pas forcément le besoin d'interagir avec le Désir, ce qui veut dire que parfois le Désir et la Peur ne sont pas forcément liés. Sans même désirer une certaine chose, nous pouvons avoir peur d'elle, et de cette même manière, notre interaction avec ce qui nous fait peur, peut nous faire agir Stupidement. Par exemple, nous n'avons pas besoin d'avoir le désir d'une araignée ou de l'enfer pour en avoir Peur.

La Peur s'apprend, contrairement au Désir. Le Désir, d'aller vers les choses, est induit de naissance, alors que c'est par la mauvaise expérience d'un évènement que nous apprenons la Peur. La Peur fait comprendre qu'une certaine chose peut être une menace.

- Attiré par la lueur de la flamme d'une bougie, un bébé Désire la toucher avec ses doigts. Il se brûle. Ainsi, il apprend à avoir Peur du feu.

Le Désir vient avant la Peur. Le Désir avance, avec un peu de curiosité, il veut tester si la chose est bonne, si elle fait plaisir, qu'il s'agisse d'un besoin comme manger, ou d'une sensation comme toucher, mais aussi chanter, voler comme un oiseau, de comprendre, ou imaginer le monde qui nous entoure.

Par prudence, la Peur nous rétracte, elle veut nous faire renoncer à ces choses désirées.

Le Désir a la caractéristique de faire vivre, d'aller vers les choses. Alors que la Peur, par sa prudence, nous fera Survivre aux erreurs dans lesquelles le Désir peut nous mener.

La Peur s'apprend en venant d'une constatation réelle du danger, c'est-à-dire de l'effet qu'a occasionné un fait désagréable, qui par la suite deviendra une menace supposée, donc irréelle, pour nous prémunir de futurs dangers.

- Nous avons peur d'une bouteille où est inscrit le logo « *inflammable* ».

D'une manière fictive, la Peur nous apprend aussi ce que peut être une menace irréelle, c'est-à-dire une menace jamais vécue, simplement Supposée.

Cette Peur qui Suppose, est là encore, pour nous prémunir d'un danger, mais son tort est d'être souvent infondée. Par conséquent ouverte à croire à de la menace, là où il n'y en a pas. D'autre part, même si la Peur Supposée était fondée sur quelque chose de bien réel, elle oblige à des réactions de la pensée qui renferment l'humain en lui-même, l'empêchent donc de réfléchir correctement, et l'obligent à un comportement primaire de défense, lequel souvent, provoque du Mal-Être et de la Destruction.

On aura Peur de l'obscurité, on évitera de voir la mort en face par peur de l'idée de la mort, on aura peur de l'enfer alors qu'il n'existe pas, on aura peur de l'inconnu, peur de la différence, peur de vivre, peur de contredire, peur de désobéir, peur de penser, peur de voir, peur d'imaginer librement, peur d'avancer vers le Désir, peur d'avancer vers notre évolution qui nous mène quelque part dont la destination nous est inconnue.

Le Désir, quant à lui, dépourvu de réflexion, nous mène vers le Désir de savoir, désir de découvrir, de traverser la mer, de faire l'amour et de se reproduire, désir de nous embellir, désir de nous penser et nous repenser, désir de voler comme les oiseaux, désir de construire un avion, une fusée pour aller sur la Lune, désir de vouloir le bien, désir de progresser, désir d'avancer vers l'évolution humaine. Le Désir nous mène vers l'avant, il nous fait avancer, et par cette démarche, il nous fait Évoluer. Cela nous fait comprendre clairement, que l'Évolution est ce qui avance, et **qu'il n'existe pas d'Évolution régressive**, car cela serait justement, Stupide.

Le Désir ne connaît pas la Peur. Mais en revanche, quand le Désir veut expérimenter la Peur, c'est parce qu'il n'a pas Peur de la Peur, et qu'il veut mieux la connaître.

Quand on a Peur du Désir, c'est qu'on a Peur d'avoir Peur, et cela nous fige, une « contradiction » qui nous rend Stupide, et qui n'appartient pas au Désir.

Pour contrecarrer les attitudes et les raisonnements Stupides induits par la Peur, il faut apprendre à ne pas avoir Peur d'avoir Peur, maîtriser la Peur, seule démarche NOstupide (non-stupide) qui nous permet d'Évoluer et d'aller de l'avant.

Si les deux enfants affamés qui se sont disputé le bol de riz n'avaient pas eu Peur de leur Peur (Peur d'avoir Peur de ne pas manger), ils se seraient peut-être rapprochés l'un de l'autre, auraient parlé et seraient arrivés à la conclusion de partager le riz. Et s'il n'y avait pas assez de riz pour deux, alors, ils auraient pensé à la manière de trouver de la nourriture pour deux.

Mais aussi, s'ils étaient dans la situation où il n'y avait que ce bol de riz et rien d'autre à manger, eh bien, ils auraient eu l'idée sage de partager quand même car, de toute façon, ils n'auraient rien eu à manger d'autre. Mais au moins, ils ne se seraient pas disputés et ne seraient pas restés dans le mal-être pour rien, Stupidement. La NOstupidité (non-stupidité) est toujours la meilleure solution !

Si la femme qui a été trompée par son mari, n'avait pas eu Peur d'avoir Peur (de la tromperie), malgré ses sentiments de colère, de tristesse, de méfiance, de trahison, etc., elle aurait, peut-être, parlé avec son époux, elle lui aurait demandé de ne pas recommencer, peut-être même lui aurait-elle proposé une thérapie de couple, et leur mariage tiendrait encore. (Il faut souligner que ce dernier exemple, ne veut pas viser la femme comme coupable, c'est bien le mari qui l'a trompée. Mais uniquement faire comprendre qu'il est toujours possible de trouver de meilleures solutions, voire NOstupides).

Dans tous les cas, la résolution de problèmes qui mène au Bien-Être et à la Construction, pour soi en même temps qu'à autrui, ne peut en rien être Stupide, bien au contraire.

2. 3. Relation de la Faille Systémique de la Peur avec celle du Système Pédagogique Autoritaire Naturel

Pour en revenir, à notre Faille Systémique de l'Autoritarisme Naturel dans l'Éducation, qui est aussi en relation directe avec la Peur, il faut notamment souligner que l'Autorité dans l'Éducation est un Phénomène, qu'on peut retrouver chez les animaux.

- Pour éduquer son chaton, la chatte utilisera la technique du Châtiment-Récompense. Par crainte du danger, elle donnera un coup de patte à un chaton qui s'éloigne trop, puis elle le récompensera en le nettoyant avec sa langue pour qu'il reste près d'elle, en sécurité.

Pour l'humain, la technique est semblable, il utilise pour éduquer (voire dresser) ses enfants, le va-et-vient entre l'usage de la Force (par son Autorité) et la Récompense. C'est de cette façon qu'on fait comprendre à l'enfant que si on le châtie, « c'est pour son Bien ».

- Si l'enfant mange trop de bonbons et qu'il n'a plus faim à l'heure du repas, alors, en guise de punition, il ne mangera plus de bonbons pendant plusieurs jours. Puis on lui expliquera que les bonbons provoquent des caries dentaires. Et une fois que l'enfant aura compris, on allégera alors sa punition.

- À l'école, si l'enfant a de mauvais résultats, il sera puni par une mauvaise note, et sera éventuellement privé de sortie en récréation.

- En religion, si vous ne suivez pas les règles de conduites « morales », vous serez puni par l'Enfer ou, à l'inverse, récompensé par le Paradis si justement vous suivez les règles.

L'Autorité porte le pouvoir de la Menace ou celui d'infliger le Châtiment, par conséquent, le pouvoir de faire Peur.

La Peur empêche de Réfléchir correctement, et l'Autorité utilise la Peur pour imposer son Croire-Savoir des choses. En d'autres mots, la Peur nous fait entrer dans l'état Stupide, et l'Autorité nous impose sa démarche de Mal Comprendre pour que nous Croyons-Savoir les choses, Stupidement.

L'Autorité peut faire apprendre à Mal Comprendre les choses à un enfant (ou à un adulte), et c'est justement grâce à l'utilisation de la Peur (de la mauvaise note, de rater son examen, de perdre son travail, etc.) que l'Autorité pourra ancrer la Mauvaise Compréhension des choses à l'enfant (ou à l'adulte).

- L'enfant, ayant Peur d'avoir une mauvaise note, ne contestera pas son apprentissage, pour pouvoir réussir son examen, il acceptera ce que lui impose l'autorité et reproduira cette imposition. De cette façon, si on apprend à l'enfant que le Soleil tourne autour de la Terre, il répétera à d'autres que c'est effectivement le Soleil qui tourne autour de la Terre.

- L'adulte, pour réussir sa carrière professionnelle, reproduira le même comportement face à la Peur ou à la menace, comme il l'a appris lors de son enfance.

Par ailleurs, il est bon de noter que chez l'adulte, par le pouvoir qu'il peut éventuellement posséder, ou par son degré de responsabilité, les conséquences d'un mauvais apprentissage peuvent donner des idées Stupides et provoquer des actes catastrophiques de grande envergure.

C'est par cette façon d'apprendre, Naturelle, Humaine et Animale, ou plutôt, de Mal Apprendre, par l'exercice de l'ensemble des différents éléments que sont : l'Autorité, la Peur, l'Imaginaire, que la Mauvaise Compréhension des choses génère la Stupidité, dans des actes et des pensées, qui, à leur tour, provoquent le Malheur et la Destruction.

- Les Aztèques faisaient des sacrifices humains pour aider le Soleil à s'alimenter et assurer sa pérennité.

- Les dogmatismes religieux ont poussé les gens à s'entretuer pour des différences de croyances.

- Les dogmatismes politiques créent les dictatures et les guerres.

- Les financiers actuels préfèrent soutenir des règles économiques très éloignées d'une économie réelle, poussant des pays à la catastrophe sociale.

3. Troisième Faille Systémique (Faille systémique à caractère temporaire) : Mal comprendre la Stupidité et l'Intelligence à cause d'un rapport antonyme erroné.

L'Intelligence n'est pas l'antonyme de la Stupidité et c'est une erreur de la considérer de la sorte. L'Intelligence est un phénomène qui résulte de la capacité et du potentiel du cerveau. La Stupidité est un phénomène produit par des erreurs de réflexion qui engendrent le Mal-Être. La NOstupidité, seul antonyme de la Stupidité, est un phénomène qui provoque les bons raisonnements conduisant au Bien-Être et à l'Évolution.

Les gens peuvent naître plus ou moins Stupides, ainsi que plus ou moins intelligents. Certains seront même très intelligents pour certaines affaires et complètement Stupides pour d'autres. Et puis, d'une manière personnelle, un jour on peut ressentir une illumination d'intelligence accrue, puis un autre jour, tout ira mal et nous serons plus stupides que jamais.

Il paraît de bon sens que pour échapper à la Stupidité, les remèdes devraient être le savoir, la culture, la connaissance, et plus notre savoir serait grand, plus nous devrions pouvoir maîtriser et contrôler la Stupidité des autres, tout comme la nôtre personnelle.

Pourtant, malgré tous ces efforts intellectuels, la Stupidité est toujours capable d'apparaître chez n'importe qui, à n'importe quel moment, indépendamment que la personne tende vers l'Intelligence.

- Un prix Nobel est aussi capable de dire des stupidités.

La question cruciale se pose alors : pourquoi une personne dite intelligente est capable de Dires et d'Actes Stupides, provoquant le Mal-Être ?

À cette question, nous trouvons au moins deux réponses possibles, supposées correctes :

Soit, cette personne prétendue Intelligente, en réalité ne l'est pas, soit, contrairement à ce que nous avons l'habitude de croire, l'Intelligence n'est pas le contraire de la Stupidité, il n'y a pas de relation antonyme entre les deux.

L'Intelligence est alors un élément à part entière, englobant tout ce dont est capable le cerveau.

L'Intelligence est un phénomène qui résulte de toutes les différentes capacités et du savoir-faire du cerveau, comme peut l'être mémoriser, oublier, raisonner, faire bouger le corps, etc. (voir dans Définitions : « Cerveau »).

En d'autres mots, le cerveau est capable, grâce à son Intelligence, de faire des choses, que cela soit correctement ou pas.

Cela revient à comprendre, que notre cerveau, et par conséquent notre intelligence, est capable d'avoir des raisonnements Stupides comme NOstupides (non-stupides).

Le cerveau a un pouvoir global, et ce pouvoir c'est l'Intelligence, qui peut être, une « Bonne Intelligence », comme une « Mauvaise Intelligence », et cela dépendra de son état physique, mais aussi, d'avoir la possibilité de bons ou mauvais raisonnements. Tout ce que regroupe en elle l'Intelligence avec les différentes variantes, donne le résultat du Stupide et du NOstupide.

Il existe d'innombrables définitions de ce qu'est l'Intelligence, mais pour en revenir à la compréhension du Stupide, je me vois obligé, d'une part, d'appliquer une définition corollaire à la définition latine originale (*Intellegentia* ; action de discerner, de comprendre, dont le préfixe *Inter-* (« entre », « au milieu de »), et du verbe *Lego* (*Legere* à l'infinitif), signifiant « ramasser », « recueillir ») qui ne précise pas si la faculté de l'Intelligence (comprendre ou discerner et recueillir des éléments parmi d'autres) peut se faire correctement ou incorrectement. Et d'autre part, de rester sur une définition très large de l'intelligence, en la considérant comme un phénomène global résultant de ce que génère ou produit le cerveau [1].

Je me vois aussi contraint de préciser une définition de la Stupidité en la considérant donc, comme un Phénomène résultant de l'Intelligence, et par conséquent, inventer le néologisme de « NOstupidité » comme antonyme réel de la Stupidité, lui aussi, un phénomène résultant de l'Intelligence.

Définitions Préliminaires d'Intelligence, Stupidité et NOstupidité (voir section des Définitions pour plus de détails) :

Intelligence : phénomène qui résulte de ce dont est

capable le cerveau (comme : raisonner, mémoriser, oublier, le conscient, l'inconscient, le sommeil, l'éveil, faire fonctionner le corps, etc.), sans qu'il y ait une considération qualitative et quantitative, positive ou négative, donnant ainsi de manière systématique et invariable un résultat plus ou moins Stupide ou NOstupide.

Exemple : absolument tout ce dont le cerveau est capable, c'est son intelligence, qu'on en soit conscient ou pas, que ce soit Stupide ou pas.

Stupidité : phénomène qui engendre la Compréhension Incorrecte des choses, qui par la suite engendre des Idées et des Actes Stupides, qui à leur tour engendrent le Mal-Être, la Destruction et la Stagnation de l'Évolution Humaine.

NOstupidité (non-stupidité) : phénomène qui engendre la Bonne Compréhension Correcte des choses, des pensées et des actes Non-Stupides, qui à leur tour engendrent le Bien-Être pour Soi et pour Autrui, la Construction, et amènent à l'Évolution Humaine.

Comprenant ces trois définitions, on peut alors conclure qu'une personne d'une grande Intelligence, peut avoir une tendance à la NOstupidité (non-stupidité) ou à la Stupidité.

- Je trouve que la Mère Teresa de Calcutta est incroyablement NOstupide, c'est une femme qui s'est vouée à faire le bien pour les autres.

- Le professeur Dupont, chercheur en économie à la

Sorbonne, vient de développer une nouvelle théorie sur la cohésion financière européenne, vraiment NOstupide et très intéressante.

- Cette idée, est vraisemblablement NOstupide, elle procure le bien-être, et elle est très évolutive.

- Amnesty International est une organisation à vocation NOstupide.

Pour conclure avec l'explication de cette « faille systémique » (mal comprendre la Stupidité et l'Intelligence à cause d'un rapport antonyme erroné), il est évident qu'elle devrait avoir un caractère temporaire, car après la compréhension et l'assimilation des relations correctes qu'il y a entre l'Intelligence, la Stupidité et la NOstupidité, et de sa mise en pratique dans le langage courant, cette « faille systémique » n'a plus lieu d'être, puisqu'elle disparaît par elle-même.

- Mon amour, je t'aime pour ta NOstupidité, mais aussi pour tes beaux yeux!

4. Quatrième Faille Systémique : le Physique et la Stupidité

L'État d'Énergie et de Mal-Être Physique (comme la fatigue, la douleur, etc.) peuvent engendrer la Stupidité.

Outre les trois Failles Systémiques antérieures qui, ensemble, provoquent le phénomène de la Stupidité, s'ajoute aussi, l'État Physique, et de Bien-Être du cerveau et du corps.

Il faut comprendre, même si cela paraît évident, que le corps et le cerveau sont liés, et qu'ils ne sont pas indépendants l'un de l'autre. L'effet sur l'une des parties, répercute sur l'autre inévitablement, qu'il s'agisse de bien-être ou de mal-être.

Quand une personne est assujettie à la faim, la soif, la fatigue, la tristesse, la maladie, la douleur, etc., elle pourra, très probablement, faire preuve d'idées et d'actes Stupides, engendrant le Mal-Être pour elle-même et pour autrui.

Je ne vais pas m'étendre sur cette explication car tout le monde a déjà pu constater ce phénomène. Mais je vais tout de même proposer quelques exemples qui me paraissent, malgré leur apparente banalité, d'une extrême importance.

- Une mère (ou un père) bien reposée, pourra facilement supporter les pleurs de son bébé. Mais, si le parent en question est fatigué, affamé et souffre de migraine, alors il sera Stupidement capable de crier sur l'enfant et même de le secouer si fort qu'il pourrait le blesser.

- Les décideurs politiques (présidents, sénateurs, députés etc.), qui d'ailleurs, très communément, passent plusieurs jours en dormant très peu pour négocier des accords politiques et économiques importants, sous l'effet de l'extrême fatigue et de la saturation de travail, seront capables, Stupidement, de signer des accords et des lois qui s'avéreront inutiles ou désastreux pour le bien public [1].

- Dans le sens contraire, on pourrait reprendre l'exemple des deux enfants affamés qui se sont disputé violemment le bol de riz. Si, ni l'un ni l'autre n'avait été affamé, alors, sûrement qu'ils ne se seraient jamais disputés, stupidement, pour de la nourriture.

INTERMÈDE OBLIGATOIRE AVANT DE CONCLURE

1. Processus Schématique pour une compréhension de l'Intelligence, la Stupidité et la NOstupidité

SCHÉMA 1 : VERSION SIMPLIFIÉE DES POSITIONS DE L'INTELLIGENCE, LA STUPIDITÉ, ET LA NOSTUPIDITÉ

- De l'Intelligence peut en découler la Stupidité ou la NOstupidité
- De la Stupidité découle les mauvaises conséquences (Mal-être, etc.)
- De la NOstupidité découle les bonnes conséquences (Évolution, etc.)

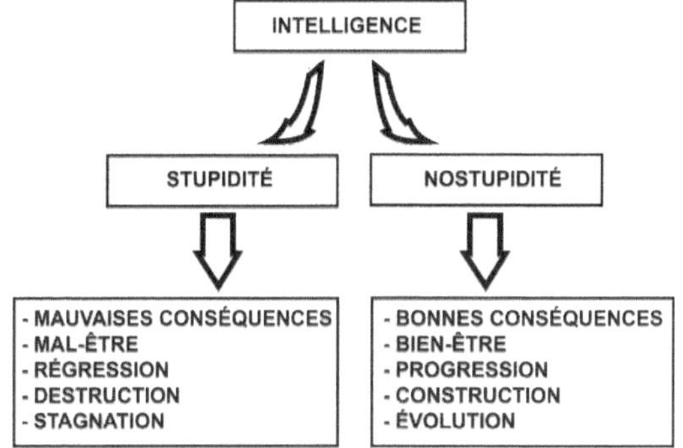

SCHÉMA 2 : PROCESSUS SIMPLIFIÉ PAR LEQUEL ON ABOUTIT À LA STUPIDITÉ OU À LA NOSTUPIDITÉ

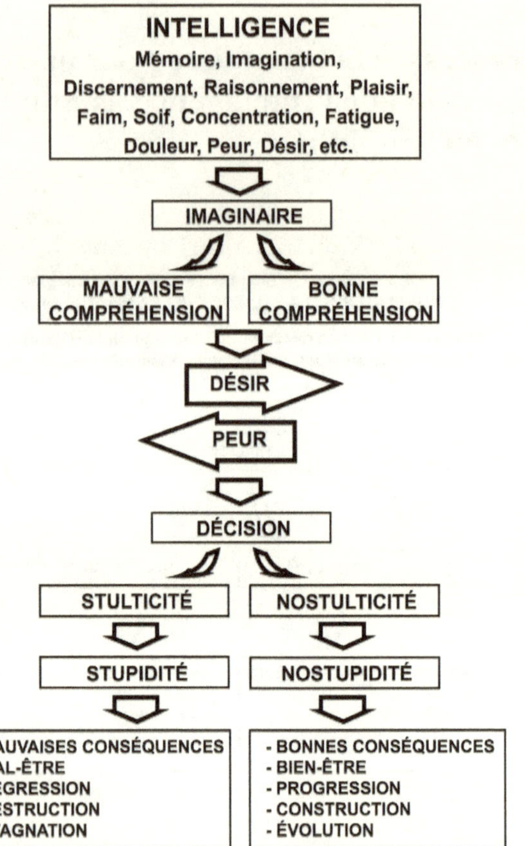

SCHÉMA 3 : COMPLEXITÉ DES DIFFÉRENTS PROCESSUS DE L'INTELLIGENCE, LE DÉSIR, LA PEUR, LA STUPIDITÉ ET LA NOSTUPIDITÉ

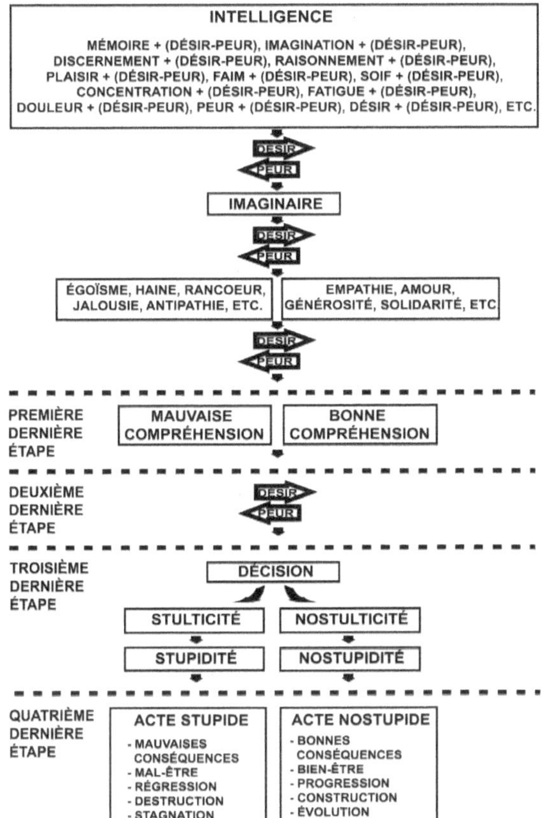

Dans ce dernier schéma, je place la Peur et le Désir, dans toutes les choses et dans toutes les étapes qui constituent l'Intelligence et ses différents processus. Car justement, la Peur et le Désir s'infiltrent dans tout et dans tous les processus, que ce soit pour un souvenir, une idée, pour imaginer, raisonner, mais aussi dans les sensations, les plaisirs, les douleurs, les besoins comme la faim, la soif, et jusqu'au sentiment même de la peur et du désir (avoir Peur d'avoir Peur, etc.).

Par ailleurs, vu la complexité et la variété des processus de l'Intelligence, il est compréhensible que nous ne puissions pas savoir avec exactitude si, par exemple, un sentiment a précédé une idée, ou si c'est une idée qui a donné lieu à un sentiment. Nous pouvons ainsi ajouter une multitude de raisonnements, sensations, d'idées et de sentiments, qui ensemble agiront sans que nous puissions savoir s'il y a un ordre précis. Dans ce sens, il faut souligner que ce schéma ne tient pas à être exact dans la position des différents éléments que constitue le processus de l'intelligence.

En revanche, nous pouvons très bien analyser le processus de la Stupidité et de la NOstupidité, en faisant le chemin inverse, en commençant par la fin, à partir des conséquences bonnes ou mauvaises qui en résultent.

Si l'on prend comme exemple le processus de la Stupidité, alors on commence par la **Quatrième et Dernière Étape** qui concerne l'Acte Stupide (voir le *Schéma 3* ci-dessus), s'ensuit la **Troisième Dernière Étape** qui est la

Décision par le Phénomène du Stupide lui-même, la **Deuxième Dernière Étape** concerne dans ce cas la Peur, et en fin, la **Première Dernière Étape** est la Mauvaise Compréhension des choses.

C'est à partir de ces quatre étapes réunies, que se décide si nous subissons les conséquences de la Stupidité, ou dans le cas contraire, de la NOstupidité. Si nous devions inventer un « remède » préventif de la Stupidité, c'est dans ces quatre dernières étapes, qu'il va falloir agir. Cela veut dire, qu'il faudrait maîtriser et contrôler la Bonne Compréhension des choses, le Désir et la Peur, pour que le phénomène NOstupide se produise et nous conduise à des actes, justement, NOstupides (Bien-Être, Évolution, etc.).

Cela peut paraître très théorique et compliqué à mettre en pratique. Pourtant, il suffit tout d'abord de comprendre, et prendre conscience, de ce que sont la Stupidité et la NOstupidité, pour par la suite conduire nos actes à des résultats NOstupides maîtrisés.

Car c'est justement parce qu'on n'a pas conscience de notre Stupidité que nous la laissons agir sans même nous en rendre compte.

- Quand nous sommes invités à dîner chez quelqu'un, nous n'envisageons pas d'y aller pour y passer un mauvais moment, cela serait Stupide. Et même si une conversation fâcheuse venait à se produire pendant le repas (politique ou religion par exemple), les différentes parties (si elles ne sont pas stupides) feront leur possible pour passer à une autre conversation, ou arrondir les angles, pour justement éviter une dispute, ce qui est parfaitement NOstupide.

Aller vers la NOstupidité est souvent beaucoup plus simple que nous le croyons, il suffit d'en prendre conscience, d'y mettre de la bonne volonté et de la pratique, que ce soit pour aller à un dîner, s'occuper de l'éducation des enfants, ou pour que des décisionnaires puissent diriger une entreprise ou un pays (voir chapitre : Remède contre la Stupidité).

2. De la NOstulticité à la NOstupidité vers l'Évolution Humaine

C'est en comprenant la NOstupidité, que nous pouvons comprendre et orienter l'évolution humaine.

2.1. Brève parenthèse terminologique et sémantique de NOstupidité

Si la Stupidité est un terme mal compris par son rapport antonyme erroné lié à l'Intelligence, l'idée de la NOstupidité (non-stupidité) était inexistante, justement parce que son sens est confondu avec notre compréhension actuelle de l'Intelligence.

Pour la Stupidité il faut comprendre le résultat d'un Mauvais Raisonnement (de ce qui régresse ou stagne). Pour l'Intelligence c'est ce dont est capable le cerveau sans aucun attribut qualificatif ni quantitatif. Pour la NOstupidité, c'est la conséquence de Bons Raisonnements, voire de Raisonnements Évolutifs (de ce qui avance et progresse).

Anciennement, de la Stulticité (*Stultitia (stultus)* en latin : sottise, sans-raison, insensé, fou, etc.) découlait l'état d'être Stupide (*Stupidus* en latin : rester stupide, étourdi, engourdi, figé, interdit, sans mouvement, stupéfait, etc.), mais avec le temps, cette différenciation de compréhension s'est conjuguée, créant d'abord une relation synonyme entre les deux termes, et par la suite, faisant un amalgame de tous ces sens confondus dans le seul mot de « Stupidité ».

Ainsi, par réciprocité, la NOstupidité devrait découler de la NOstulticité (de ce qui n'est pas fou, c'est-à-dire le bon sens, la sagesse, le bon raisonnement, l'être sensé, etc.).

Mais, pour un souci de simplification, tout comme il a été fait avec la notion actuelle du terme Stupidité, j'ai décidé de regrouper l'ensemble des sens signifiés par NOstulticité et NOstupidité, et les représenter dans le seul mot de NOstupidité (de se qui n'est pas fou, qui est de bon sens, qui progresse, construit, porte au bien-être, fait évoluer, etc.).

Par ailleurs, par extension du mot NOstupidité, j'ai décidé qu'il en émane différents termes comme ; NOstupide, NOstupidologue, NOstupider, etc. (Voir Définitions).

Maintenant, la question qui reste en suspens. Pourquoi le préfixe « NO » ?

Pour créer un terme qui regrouperait l'idée de « non-stupidité », j'ai d'abord pensé qu'il fallait ajouter à la construction du mot un préfixe privatif d'origine latine ou grecque, comme il se fait habituellement.

Dans un premier temps, j'ai choisi le préfixe d'origine latine : « *In* », dans sons sens privatif, donnant ainsi « Instupide » ou « Istupide ». Mais par la suite, je me suis rendu compte, que le risque de confusion était inéluctable, car ce préfixe comporte un double sens, il peut indiquer à la fois l'idée de la privation (« *In* », sans) et l'idée de l'inclusion (« *In* », dans) selon l'interprétation de la langue de chaque pays. Par exemple en italien, il existe le verbe « Istupidere » (« Istupider ») qui signifie « devenir stupide » (« diventare stupido »).

Ensuite, j'ai testé le préfixe privatif d'origine grecque : « *An, a* » donnant « Anstupidité » ou « Astupidité ». Mais là encore, il se crée une confusion phonétique dans plusieurs langues (italien, espagnol, anglais, etc.). Par exemple, en français, à l'oral, il est difficile de faire la distinction entre « la stupidité » et l'« astupidité ». Et la possibilité d'utiliser l'« anstupidité » reste encore assez confuse.

Pour éviter les confusions mentionnées ci-dessus, le terme de « non-stupidité » (ou « nonsutpidité ») aurait pu être la solution. Mais, comme le mot existe déjà sur Internet depuis longtemps, deux problèmes additionnels se sont créés. Le premier c'est le désordre dans l'Internet qui empêchera un référencement adéquat. Et le deuxième, ce sont les innombrables interprétations fallacieuses données à la « non-stupidité » par certains internautes, qui fait courir le risque de créer des confusions sur le sens correct de ce qu'est la NOstupidité.

Dans cette optique, l'unique solution était d'inventer un mot que la plupart des gens puissent reconnaître, comprendre par « intuition », sans ambiguïté avec l'usage de son préfixe, et qu'il puisse se différencier le plus convenablement sur l'Internet.

C'est ainsi, sans vouloir en abuser, que j'ai fait usage

d'une des règles historiques qui a souvent aidé à construire le langage : l'arbitraire. J'ai décidé alors, de créer le mot « NOstupidité » pour quatre raisons principales :

a) Le préfixe « NO », dans quasiment toutes les langues d'origine latine, fait comprendre sans ambiguïté l'idée de la négation. Ainsi est résolu le risque de confusions généré par les préfixes grecs et latins.

b) Si on considère que la « Stupidité » est le fléau et le problème le plus grave de l'humanité, alors, elle mérite de s'écrire avec un « S » majuscule.

Par conséquent, la « NOstupidité » devient la félicité et la solution majeure à tous les problèmes de l'humanité. Alors elle mérite par sa suprématie en importance, d'être indiquée par une double majuscule.

c) Un mot qui s'écrit avec une double majuscule, écriture qui pourrait être considérée comme une faute d'orthographe, mais qui néanmoins est un néologisme, ne s'oublie pas et marque son empreinte. Pour le moment, le mot « NOstupidité » se distingue assez bien dans l'Internet.

Ainsi, pour toutes ces raisons, j'ai décidé que le mot de « NOstupidité » est l'adéquat pour être le contraire exact de la Stupidité.

2.2. De la NOstupidité vers l'Évolution Humaine

La NOstupidité n'est pas synonyme d'Intelligence, mais le néologisme qui incarne avec justesse les qualités qui lui ont été attribuées, par erreur, depuis des siècles.

Avec a priori, on attribue à l'Intelligence la capacité de « raisonner » de façon positive (une pensée raisonnable, une personne raisonnable, un « être rationnel »). Ainsi, nous avons l'habitude de considérer, lorsque nous nous mettons à « raisonner », que cela entraîne obligatoirement une démarche de « raisonnement correct » et non pas incorrect.

À « Intelligence », on attribue inconsciemment, et de manière automatique, l'idée de « Bonne Intelligence », de ce qui est positif, et non pas l'idée de « Mauvaise Intelligence », de ce qui serait négatif ou équivoque. Cette erreur d'attribution qualitative donnée à l'Intelligence, a créé une confusion dans notre perception de ce qu'elle est vraiment, et par conséquent de notre perception de la Stupidité considérée à tort comme antonyme de celle-ci.

C'est justement dans cette confusion de la compréhension de ce qu'est l'Intelligence, que la Stupidité a réussi à se cacher derrière une multitude de raisonnements dits « Intelligents », des raisonnements parfois sublimement expliqués, écrits ou parlés, qui par cette mascarade ont réussi à faire agir la Stupidité sans que l'on s'en rende compte, nous faisant prendre des raisonnements fallacieux pour des vérités incontestables. Fatalement, ce jeu très habituel, a conduit notre façon de raisonner sur de fausses pistes et de faux « bons raisonnements » que nous acceptons pour vrais, et ce, depuis des siècles, nous apportant inévitablement Mal-Être, Destruction et Stagnation.

- Penser qu'un homme intelligent, s'exprimant correctement, ayant une bonne éducation, ne peut pas être stupide, ou capable de dires et d'actes stupides, est en soi un bon exemple de cette mascarade.

De la même manière, la NOstupidité (la non-stupidité) éclipsée par l'idée de l'Intelligence à laquelle on attribuait par erreur de multiples connotations ou valorisations positives, ne pouvait pas revendiquer ses particularités qualitatives et positives qui lui sont propres, à savoir Comprendre Correctement pour aller vers le Sens Correct des choses (le Bien-Être, la Construction et l'Évolution).

Par conséquent, à cause de cette mauvaise compréhension de l'Intelligence, et du fait de ne pas avoir nommé clairement la NOstupidité (la non-stupidité), il n'y avait rien pour remettre en question la Stupidité lorsque celle-ci donnait l'illusion de proportionner des raisonnements en apparence « Intelligents ». En ce sens, si les choses étaient dites ou faites « Intelligemment », sous une forme de raisonnement supposé « Intelligent », alors elles ne pouvaient pas être perçues comme Stupides. Les caractéristiques élémentaires de ce qui est Mauvais, bête ou fou (propre de la Stupidité), se cachaient automatiquement derrière l'apparence de ce qui est « Intelligent », faisant paraître ainsi le Stupide comme quelque chose d'« Intelligent ».

- Sous prétexte de faire progresser la science et la conquête de l'espace, en collaboration avec la NASA, une entreprise projette de faire un « reality show » en envoyant des participants sur Mars dans des conditions particulièrement hostiles et dangereuses. Bien entendu les participants n'ont aucune garantie de rentrer en vie sur Terre, et sont d'ailleurs probablement voués à mourir sur place. Vu l'extrême dangerosité des conditions de cette expérience avec des êtres humains, il serait plus acceptable d'envoyer une quarantaine de robots pour explorer et étudier la planète Mars. Ce n'est pas de la fiction de penser qu'un robot, une fois sur Mars, pourrait éventuellement être contaminé par une bactérie ou un virus martien causant une pandémie incurable sur Terre. Et donc, pour éviter toute contagion, on soit obligé d'abandonner la machine sur la planète rouge. Mais abandonner un être humain sur Mars, alors qu'on connaît déjà le risque potentiel, c'est aberrant. Pourquoi prendre le risque ?

Cette expérience est un bon exemple de Stupidité cachée derrière une prétendue « Bonne Intelligence », qui dans le fond, elle n'a rien de NOstupide (non-stupide), ni d'Évolutif, tout est dans l'apparence. C'est une expérience, bel et bien Stupide [1].

Je pense sans exagération, que la mise à découvert de la NOstupidité, de la Stupidité et de ce qu'est réellement l'Intelligence, replace les choses à leur juste valeur, tant elles peuvent avoir des Conséquences Bonnes ou Mauvaises en relation directe avec tant de sujets tels que : l'économie, la politique, la science, la religion, la défense, l'éducation, ou tout simplement pour notre savoir vivre quotidien. Mais surtout, pour ce qui concerne la compréhension de ce qu'est l'Évolution Humaine actuelle, qui de fait, ne peut qu'aller dans le Bon Sens Correct des choses, dans un sens justement NOstupide (non-stupide).

L'Intelligence et la NOstupidité évoluent indéniablement ensemble. Mais c'est surtout la NOstupidité qui a un lien étroit avec l'Évolution Humaine. Ce qui exclut la Stupidité.

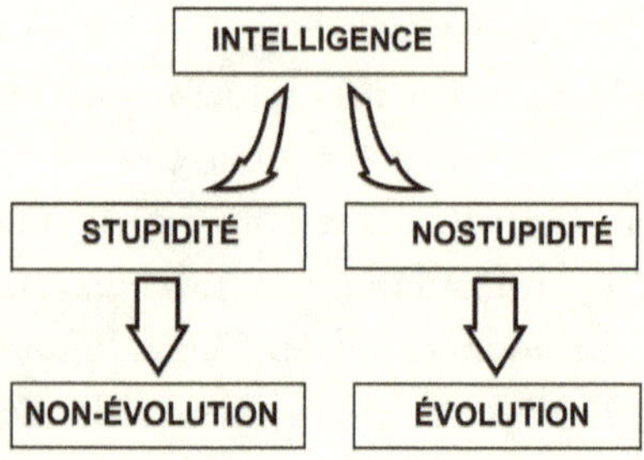

Grâce à l'écriture, nous avons extériorisé sur de la matière notre mémoire et nos pensées. En quelque sorte, nous avons extériorisé et étendu une partie de notre cerveau et notre Intelligence. Grâce à cette extériorisation de l'Intelligence, nous avons pu nous remémorer, nous penser et nous repenser sans cesse. Mais aujourd'hui, l'extériorisation matérielle de notre mémoire, notre pensée et notre Intelligence, grâce à l'évolution, qui va des premières écritures, aux universités, passant aussi par la presse, le cinéma, la télévision, et finalement l'Internet, a créé un gigantesque « exo-cerveau » (Exocortex) mondial d'une Intelligence jamais connue auparavant [2].

Il est indiscutable, que par la relation étroite qu'elle a avec l'Évolution Humaine, la NOstupidité (la non-stupidité) a toujours existé, mais aujourd'hui, grâce aux différents aspects de la mondialisation actuelle, elle nous unit comme elle ne l'avait jamais fait auparavant. Aujourd'hui, la NOstupidité fait partie, elle aussi, de la mondialisation, et sa force peut être immense ! Elle est notre espérance obligatoire. Nous avons, ensemble, un devoir de NOstupidité !

3. L'Évolution Humaine est sans équivoque NOstupide

Il n'y a pas d'évolution stupide, car cela serait de la régression. L'Évolution ne peut être que NOstupide et aller vers l'avant, progresser.

Une question se pose. S'il y a accroissement à l'échelle mondiale de notre « exo-intelligence (exo-cerveau) », c'est qu'il y a aussi un accroissement mondial de la NOstupidité (non-stupidité). Ne devrait-il pas, alors, y avoir aussi une augmentation proportionnelle de la Stupidité ?

L'Évolution humaine se considère habituellement avec tout ce qui la constitue, ainsi conjuguant l'histoire de l'humanité (les guerres, les empires...), l'histoire de la technologie, l'histoire de la politique, l'histoire de la science, de la philosophie, la médecine, etc., avec tout ce que cela comporte de bien et de mal, de Mal-Être et de Bonheur.

Mais, le Mal-Être, qui fait lui aussi partie de l'histoire de l'évolution, a-t-il vraiment contribué au progrès de l'humanité ?

Non !

Comme on l'a déjà expliqué antérieurement, le Mal-Être, conséquence de la Peur, n'a jamais fait évoluer quoi que ce soit. C'est le Bien-Être, la quête du Bonheur, de la

Joie, de la Prospérité, qui fait évoluer. Et non pas les conséquences de la Peur dissimulées sous différentes formes comme le sont la prudence, la rétractation, la destruction ou la stagnation. L'idée d'une Évolution qui pourrait être Négative, n'a aucun sens, à moins d'être Stupide. Une « Évolution Stupide » n'existe pas, cela serait de la Régression et non pas de l'Évolution.

- En échange de leur liberté, Christophe Colomb a recruté quelques détenus pour son expédition aux Indes. Ce n'était pas la peur de la prison qui a motivé les hommes de le suivre, mais le Désir de leur liberté et de nouvelles richesses promises.

- Ce n'est pas en menaçant les scientifiques de diminuer leur salaire, de les mettre en prison, ou de faire du mal à leur famille et enfants, que l'on obtient qu'ils soient plus performants dans leurs recherches et leurs résultats, mais bien le contraire.

- Dans un autre exemple plus violent mais pas moins connu, ce n'est pas non plus les « expériences » absurdes des « médecins psychopathes » nazis qui ont fait évoluer la médecine avec leurs horreurs [1].

- Mais aussi, contrairement à ce qu'on entend dire souvent, « que la technologie et la science évoluent grâce à la recherche militaire », ce sont plus précisément des chercheurs et scientifiques non militaires, qui ne trouvant pas de travail ou le budget suffisant pour leurs recherches dans le civil, se voient obligés de consacrer leur savoir-faire pour les institutions martiales (fabriquant ainsi à contrecœur des bombes, des armes, etc.).

Mais, s'il y avait une volonté politique adéquate, ces mêmes chercheurs seraient en train de travailler dans le civil pour faire évoluer la science, sans que leurs résultats soient consacrés à la Destruction, mais justement à l'Évolution.

Pour en revenir à plus de légèreté, aujourd'hui nous savons très bien qu'un enfant apprend plus vite et mieux par le désir de la récompense et de la réussite, que par la menace du châtiment.

C'est vrai, la Peur peut avoir un effet bénéfique, il ne faut pas le nier. Elle nous avertit et protège du danger, elle nous rend prudent, mais nous force aussi à avoir des réactions violentes et destructives quand il s'agit d'autodéfense, comme le font les animaux. Mais, contrairement à l'animal qui réagit à la peur de manière basique, l'humain, du fait de son potentiel cérébral plus important et par sa grande capacité à imaginer, peut amplifier la dimension de la Peur à des niveaux démesurés d'irréflexion et d'irréel (voire démesurés de Stupidité), comme l'est la peur des sortilèges, de l'enfer, des superstitions, etc. C'est de pouvoir comprendre la Peur, et de ne pas avoir Peur d'avoir Peur qui nous permet d'évoluer, parce que nous sommes capables, justement, de Maîtriser la Peur.

C'est parce que nous nous séparons de notre naturel animal intérieur, que nous apprenons à nous réapprendre sans cesse, pour maîtriser ce qu'il y a de mal en nous, et ainsi nous permettre d'Évoluer.

Évoluer, ne peut aller que dans un sens, vers l'avant, là-bas où nous allons sans même savoir pourquoi nous y allons, mais, toujours rattachés à un Désir d'évoluer pour notre Bien-Être et non pas à un Désir absurde de vouloir le Mal-Être (ce qui serait Stupide).

- Nous ne voulons pas voyager dans l'Univers pour aller détruire ou se faire dévorer par des extraterrestres, mais bien par un Désir bienveillant de la survie de notre espèce.

Nous ne désirons pas évoluer pour tuer, détruire ou faire la guerre. Nous Évoluons par le Désir de notre Bonheur.

On l'a déjà dit, il est indéniable que la Peur nous accompagne par prudence, pour nous rendre conscient du danger et nous protéger, cela fait partie de notre nature animale. Mais, ce qui fait aussi partie de la nature humaine, est justement d'Évoluer en se détachant de sa nature animale qui lui est propre. L'humain, maîtrise sa Peur, maîtrise sa Stupidité, maîtrise son Évolution, parce qu'il maîtrise sa NOstupidité.

Quand nos raisonnements et nos actes provoquent le « Mal-Être » et la « Destruction », ce qui est propre au phénomène de la Stupidité, alors, l'Humain cherche les solutions pour éviter le « Mal-Être » et la « Destruction », c'est précisément à ce moment-là qu'il Évolue, et qu'il passe du stade du Stupide au NOstupide. C'est bien le Désir du Bien-Être qui fait évoluer. En d'autres mots, ce n'est pas la menace qui fait évoluer, c'est le Désir de Vivre.

C'est par l'acquisition du nouveau « Bien-Être » et de la nouvelle « Construction », que nous acquérons de Nouveaux Savoirs et de Nouvelles Pensées Évolutives, qui par la suite, nous aiderons à mieux considérer les choses fondamentalement Stupides (cause de Mal-Être, Destruction et Stagnation).

Comme je l'ai déjà mentionné, il faut reconnaître que c'est en grande partie le Mal-Être causé par la Stupidité qui nous montre la voie vers la NOstupidité, et par conséquent, nous permet d'Évoluer. Mais cela ne justifie en rien vouloir causer le Mal-Être pour « justifier » l'idée d'évoluer (comme serait de sacrifier des humains dans des expériences médicales sous prétexte de faire progresser la science). Aujourd'hui, avec notre seule expérience et avec l'aide des nouvelles technologies, nous n'avons plus besoin de répéter les actes Stupides du passé sous prétexte d'évoluer. **Notre monde doit se penser sous une Nouvelle Donne, le penser constamment comme une Évolution Humaine NOstupide, et ainsi, se prémunir de la Stupidité, cause de tant de Mal-Être, Souffrance, et Perte de Temps.**

Si notre Stupidité, prenait le pouvoir sur notre immense « exo-intelligence » alors, ce serait probablement la fin du monde. Mais si c'est notre NOstupidité qui s'empare de toute cette nouvelle intelligence globalisée, alors, tout ira dans le Bon Sens correct des choses. L'Évolution Humaine est, sans équivoque, NOstupide.

4. Rappel Péremptoire sur l'Intelligence

L'Intelligence est un phénomène transcendantal et Universel, elle peut être individuelle et collective, se combiner en différents genres et espèces, engendrant invariablement de la Stupidité ou de la NOstupidité.

C'est grâce aux gens intelligents néanmoins capables de Dires et d'Actes Stupides qu'on peut se poser la question de ce qu'est vraiment la Stupidité, mais aussi de l'Intelligence, qui justement par le phénomène du Stupide est souvent remise en question. On se voit donc obligé de comprendre que l'Intelligence n'est pas « Intelligente » dans un sens positif comme on a l'habitude de la comprendre, mais qu'elle est uniquement « Intelligente » en elle-même, en rapport proportionnel de ce qu'est capable de produire un « cerveau » dans sa globalité (« cerveau » entendu comme une entité génératrice d'Intelligence, voir chapitre Définition). C'est alors, qu'on peut conclure que l'Intelligence est un phénomène produit par un cerveau, et par conséquent aussi la Stupidité. Mais encore, l'obligation de reconnaître l'existence de la NOstupidité, qui est le phénomène contraire de ce que provoque la Stupidité.

Définition complétée de l'Intelligence : phénomène transcendantal et universel, d'un terme dérivé du latin *intellegentia* (faculté de comprendre), composé du préfixe *Inter* (entre, au milieu de), et du verbe *legere* (ramasser, recueillir), qui est essentiellement l'aptitude d'un ou plusieurs cerveaux à discerner et comprendre, sans qu'il y ait une obligation qualitative et quantitative, positive ou négative, qui résulte de ce processus, donnant ainsi de manière systématique et invariable un résultat plus ou moins Stupide ou NOstupide.

Définition complétée de la Stupidité : d'un terme dérivé du latin *Stultitia* ((*stultus*) sottise, déraison, niaiserie, insensé, fou), et de *Stupidus* (rester étourdi, engourdi, stupéfait, interdit, de ce qui stagne, demeurer stupide). C'est un phénomène produit par l'Intelligence qui engendre la Compréhension Incorrecte des choses, qui par la suite engendrera des Idées et des Actes Stupides, qui à leur tour engendrent le Mal-Être, la Destruction et la Stagnation de l'Évolution.

Définition complétée de la NOstupidité : néologisme, antonyme de la Stupidité. Composé du préfixe privatif ou négatif avec double majuscule « NO », et du terme *Stupidité* (dans son sens contemporain). C'est un phénomène produit par l'intelligence qui engendre la Bonne compréhension correcte des choses, des pensées et des actes Non-Stupides, qui à leur tour engendrent le Bien-Être, pour Soi et pour Autrui, la Construction, et amènent à l'Évolution.

4. 1. Intelligence, Stupidité, NOstupidité Collective ou Individuelle

Comme nous pouvons le comprendre, l'Intelligence concerne tout le monde sans que personne n'en soit dépourvu, ainsi que pour la Stupidité et la NOstupidité.

Mais il y a un phénomène intéressant par rapport à l'Intelligence, à savoir qu'elle peut être individuelle (d'un seul sujet), mais elle peut aussi être collective (de plusieurs sujets). Quand plusieurs personnes se réunissent, pour parler d'un sujet qui les concerne tous (dans une réunion), alors l'Intelligence de chacun s'unit à celle des autres pour former une seule Intelligence Collective.

- Un groupe de copropriétaires, est un groupe de plusieurs personnes, qui peuvent prendre collectivement la décision de peindre leur immeuble en vert. Cela implique que plusieurs Intelligences s'unissent pour une seule idée, créant ainsi une intelligence formée de plusieurs Intelligences, qui aboutira à prendre la décision de choisir une peinture verte.

La démocratie implique une Intelligence Collective d'organisation sociale (une Intelligence de plusieurs Intelligences). Évidemment, il va de soi que s'il existe l'Intelligence Collective, par conséquent il existe aussi la Stupidité ou la NOstupidité Collective.

- Pour la Stupidité collective, on pourrait envisager un groupe de vandales qui volent le sac à main d'une femme âgée. Alors, tous ensemble (les voleurs et la victime, car sans victime il n'y a pas de crime) créent une Intelligence Collective qui est celle du vol, produisant les effets négatifs et de Mal-Être pour la victime.

- En ce qui concerne la NOstupidité collective, imaginons un homme et une femme qui se plaisent et vont faire l'amour. D'une part, il y a l'Intelligence de la femme qui est attirée par l'homme et, d'autre part, celle de l'homme attiré par la femme. Leurs deux Intelligences regroupées, non seulement procureront du plaisir et du bien-être à l'un et à l'autre, ce qu'on peut appeler une « Intelligence d'Amour Collectif », mais s'il y a fécondation, alors on peut aussi parler d'une « Intelligence de la Reproduction », qui est de fait, une union de deux Intelligences pour n'en faire qu'une seule dans l'amour et la reproduction (procurant Bien-être, Construction (naissance de l'enfant), Évolution).

4. 2. Intelligence, Stupidité et NOstupidité Interespèce

Cette Intelligence d'Amour Collectif peut se faire entre deux êtres de la même espèce, mais aussi, entre espèces différentes. Par exemple, celle qui se produit entre un chat et son maître quand ils se réunissent pour se faire des câlins, se procurant mutuellement du bien-être.

L'Intelligence Collective Interespèce peut aussi se vérifier quand un homme et son chien partent ensemble pour chasser un lapin. Il s'agit alors d'une « Intelligence Collective de Chasse », qui organise entre deux êtres très différents une communication, une pensée et des raisonnements qui les conduiront à l'acte d'attraper conjointement un lapin. Cela démontre encore, que deux Intelligences, deux cerveaux physiquement différents, peuvent s'unir en une seule Intelligence. Et par conséquent, il en va de même pour ce qui concerne la Stupidité et la NOstupidité.

Par ailleurs, et dans la même logique, il faut remarquer

que l'Intelligence, la Stupidité et la NOstupidité n'ont pas besoin d'être rattachées à l'humain pour exister. Par exemple, certains animaux sont capables d'actes et raisonnements Intelligents, sans que ceux-ci soient connotés d'« instinctifs » (comprenant l'instinct comme une façon d'agir naturelle qui serait programmée génétiquement et dépourvue de raison).

- Certains animaux sont capables d'utiliser des outils pour se procurer de la nourriture, les corneilles et les corbeaux peuvent même fabriquer des crochets avec un fil de fer pour extraire un objet à l'intérieur d'une cavité [1].

- Pour ce qui est de la Stupidité, on peut donner l'exemple d'une femelle singe qui, « triste » ou « jalouse » de ne pas avoir de progéniture, vole le bébé d'une autre femelle et le laisse mourir par la suite.

- Dans un autre exemple extrême, on trouve une otarie mâle (un mammifère) qui, peut-être par manque ou frustration sexuelle, « viole » une femelle manchot (un oiseau) [2].

Dans ces deux cas, qu'on peut qualifier de « Stupidité Animale » (type de stupidité que l'on peut aussi retrouver chez l'humain (vol, infanticide, viol et zoophilie)), ce ne sont pas des conduites « instinctives », mais le besoin de refouler une Peur par l'acte Stupide.

L'ensemble de ces phénomènes constaté dans le monde animal, donne la certitude que la Stupidité et la NOstupidité ne sont pas uniquement humaines.

Nous pouvons alors arriver à plusieurs conclusions : l'Intelligence peut être individuelle (un seul cerveau), collective (plusieurs cerveaux), mais elle peut aussi s'unir en plusieurs genres (mâle-femelle), se combiner entre différentes espèces (Interespèce : homme-chien), et n'est donc pas exclusivement humaine (les corneilles). Et bien entendu, il en va de même pour ce qui concerne la Stupidité et la NOstupidité.

4. 3. Intelligence, Stupidité, NOstupidité Collective Non-humaine

Se pose encore la question de l'Intelligence Collective Non-Humaine à plus grande échelle. Ne pourrait-on pas constater une Intelligence Naturelle et Collective dans les choses qui interagissent entre elles ? Par exemple, on peut parler de l'Intelligence Naturelle de l'Écosystème d'une jungle, dans le sens où chaque espèce qui la constitue, interagit grâce à son Intelligence propre, avec celle des autres, pour qu'ensemble ils puissent bénéficier les uns des autres (en butinant l'abeille pollinise les fleurs. Après avoir mangé les fruits, les oiseaux sèment les graines des arbres à plusieurs kilomètres. Le jaguar mange l'excédent de rongeurs. Les arbres attirent la pluie et leurs feuilles mortes alimentent la terre et les poissons dans les rivières, etc.).

Étrangement, mais dans ce même sens écologique, quand nous avons faim de biscuit, ce n'est pas uniquement parce que notre corps indique à notre cerveau que nous avons « besoin » de manger des biscuits, mais parce que nous avons des bactéries dans nos intestins qui envoient le message au cerveau d'un « besoin de manger » des aliments équivalents aux biscuits. Notre propre corps est un Système Écologique Naturel Complexe et Intelligent, qui agit sans que nous en soyons conscients [1].

Bien entendu, nous pouvons attribuer aux « réactions chimiques », à l'« instinct », ou à la « nature des choses », l'explication des différents systèmes et mécanismes naturels et écologiques. Mais cela n'enlève en rien que « la nature des choses », les « instincts », « les réactions chimiques », ensemble ou individuellement, produisent de l'Intelligence, tout comme ils sont aussi produits par l'Intelligence.

Une réaction instinctive est produite par l'Intelligence du « cerveau » (et non pas par un fait « magique » et inexplicable instinctif).

- Si une forte détonation se fait entendre près de vous, vous aurez Instinctivement le réflexe de sursauter et de vous protéger avec vos bras sans même savoir de quoi il s'agit.

Tout ce processus de défense implique (par la nature des choses), qu'à partir de la détonation, une forte onde sonore est entrée dans vos conduits auditifs (le physique), vos tympans ont fait vibrer le système de l'oreille interne, qui a produit un fort signal électrique dans votre cerveau, qui a pensé à une agression, qui par un processus complexe a activé une multitude de neurones (processus électrochimique), qui vont faire que votre corps produise de l'adrénaline et réagisse (« instinctivement ») en vous protégeant la tête avec vos bras, en accélérant votre attention visuelle, etc.

Tout ceci fait partie de la Nature des Choses, produite

par l'Intelligence, et produite à son tour par le cerveau. Dans cet exemple, le physique, le chimique, l'instinct, etc., se rejoignent en un produit de l'Intelligence.

Sans vouloir abuser sur ce raisonnement de réactions en chaîne de l'Intelligence, se pose la question suivante : y a-t-il vraiment besoin d'un cerveau pour produire de l'intelligence ?

Si c'est le cas, alors les plantes, les arbres, dépourvus de cerveau, ne pensent pas. Pourtant, grâce à de récentes études, nous savons aujourd'hui que certains arbres communiquent entre eux grâce à des réactions électrochimiques de leurs racines et par l'intermédiaire de champignons microscopiques enfouis dans la terre, pour indiquer d'arbre en arbre, où se trouvent des nutriments ou des agents pathogènes [2].

La glycine, en grandissant, tâtonne les murs et les branches pour s'accrocher. Est-ce qu'une plante ne serait pas un organisme qui est un cerveau en lui-même ?

Pourquoi pas ? Pourquoi ne pourrait-on pas penser qu'une plante produit de l'intelligence à une très petite échelle par rapport à la nôtre, ou à une échelle propre à la sienne.

Dans tous les cas, l'intelligence collective n'a pas besoin d'être constituée de « cerveaux » qui se ressemblent pour exister, interagir, et échanger de l'information.

D'autre part, il est bon de penser que plusieurs cerveaux, en collectivité, peuvent être considérés comme « un seul cerveau » qui produit une Intelligence, comme le produit l'interrelation de notre corps avec les bactéries de nos intestins, ou l'interrelation des différentes espèces dans une jungle, et pourquoi pas, l'interaction de l'Intelligence Artificielle de l'Internet avec le cerveau de tous et de chacun de nous.

C'est dans cette logique de tout ce qu'englobe l'Intelligence, que l'on peut comprendre qu'elle est un Phénomène qui transcende le corps unique, à caractère Universel, sans limite dans la grandeur ou petitesse collective. Et, de manière indissociable, il en est de même pour ce qui est de la Stupidité et de la NOstupidité, produits du phénomène de l'Intelligence, qu'elle soit collective ou individuelle.

L'Intelligence, la Stupidité et la NOstupidité sont une Triade Universelle.

Le phénomène de l'Intelligence produit ceux de la Stupidité et la NOstupidité.

La NOstupidité a un caractère évolutif sur les choses, alors que la Stupidité marque leur stagnation et leur destruction. Étant ces trois phénomènes indissociables dans toute chose, ils sont à caractère Universel.

CONCLUSION

LES FONDAMENTAUX DE LA NOSTUPIDITÉ

1. La Nouvelle Donne, le devoir d'aller vers une NOstupidité pleine

Avoir conscience et comprendre notre Stupidité naturelle, pour nous en détacher et aller vers une évolution par-dessus tout NOstupide.

Il faut comprendre que nous naissons Tous potentiellement Stupides. La Stupidité est un Phénomène cérébral, rattaché à notre Structure Humaine Animale Primaire. La Stupidité découle de l'Intelligence, en provoquant un « déraillement » de la bonne compréhension des choses, donnant naissance à des raisonnements et à des actes, qui produiront le « Mal-Être » et la « Destruction », et, par conséquent, la Stagnation de l'Évolution Humaine.

La Stupidité et la NOstupidité vont de pair, l'une oblige l'autre continuellement, car c'est justement par le Désastre ou le Mal-Être causé par la Stupidité, que Nous, Humains, cherchons sans cesse à améliorer notre « Bien-Être », en cherchant à comprendre et à construire, mais aussi, à Recomprendre et à Reconstruire, ce qui nous permet d'Évoluer constamment.

Pendant des milliers d'années, les Humains ont répété les mêmes façons de se gérer en société, les mêmes façons d'obéir, toujours guidés par la Peur et le Désir de choses diverses, ce qui est un instinct purement animal, donc propre aussi à l'Humain-Animal. C'est par notre animalité, et notre façon de réfléchir qui nous est particulière, souvent erronée, que nous nous orientons constamment vers des pensées et des actes Stupides. Mais aujourd'hui, à une vitesse fulgurante jamais connue, nous sommes capables de changer la donne, de comprendre et de maîtriser notre Stupidité Humaine, pour créer de la NOstupidité, qui nous conduira cette fois, vers une Évolution Humaine plus claire et plaisante.

Il faut l'admettre, le moment est arrivé d'être conscient de notre Stupidité. Nous Tous, en tant que Bon-Être-Humain-Évolutif qui se détache de son animalité, pouvons apprendre à maîtriser la Stupidité, et mettre en place des « Garde-Fous », tels que des systèmes pédagogiques, géopolitiques, politiques, écologiques, scientifiques, etc., nous permettant d'Évoluer, de vivre et de nous surpasser, dans la Construction de notre avenir et notre Bien-Être.

2. Le Remède Contre la Stupidité

Bien sûr, le phénomène de la Stupidité n'est pas une maladie, mais elle agit comme telle, concernant le Bien-Être et l'Évolution Humaine. Par ailleurs, de nos jours, on sait qu'une idée ou une pensée, n'est pas tout à fait un phénomène virtuel impalpable, car elles sont réellement de la matière et de l'énergie vivante dans notre cerveau. C'est aussi pour cette raison, que je considérerai la Stupidité comme une sorte de « maladie » à part entière, à traiter physiquement, même si cela doit se faire uniquement par le pouvoir de la pensée.

Pour qu'un humain guérisse de pensées et d'actes Stupides, il faut lui prescrire une ordonnance contraire à ce qu'engendre la Stupidité, que voici :

1 - Bien comprendre que, même si Produite par l'Intelligence, la Stupidité est un phénomène à Part Entière qui intervient dans les processus de l'Intelligence.

2 - Avoir Conscience de sa propre Stupidité et conscience des méfaits qu'elle provoque à soi et à autrui.

3 - Avoir Conscience de sa propre NOstupidité et des conséquences bénéfiques qu'elle apporte à soi et à autrui.

4 - Avoir Conscience que tout être Humain, quel que

soit son niveau intellectuel, peut faire preuve de Stupidité comme de NOstupidité.

5 - Avoir Conscience des effets nocifs et Non-Évolutifs de la Stupidité.

6 - Avoir Conscience que la NOstupidité va inexorablement vers l'Évolution Humaine et que la Stupidité engendre la Stagnation de ce processus.

7 - Être Conscient que les aspects physiques comme la faim, la fatigue, la maladie, etc., peuvent engendrer le phénomène de Stupidité, et que pour le contrecarrer, il faut être en bonne santé physique, corporelle et cérébrale.

8 - Ne pas se soumettre (ou le moins possible) à la Peur ni à aucun de ses dérivés (stress, angoisse, etc.), et apprendre à ne pas avoir peur d'avoir peur, seule façon d'apprendre à maîtriser la Peur.

9 - Ne pas se soumettre, ni soumettre quiconque, à aucune des variantes de la Peur.

10 - Avoir conscience que nous Croyons-Comprendre, beaucoup plus, que nous comprenons vraiment les choses avec certitude.

11 - Apprendre à Réapprendre Correctement et, à Apprendre et à Réapprendre encore. Ce qui implique, être Libre d'Esprit, se donner le droit individuel et inaliénable, de douter, d'être créatif, de questionner, d'imaginer, de se tromper, de se corriger, de se cultiver, de se donner les

moyens d'évoluer librement et continuellement.

12 - Comprendre que si une personne avec beaucoup de pouvoir est sous l'emprise du phénomène de Stupidité, elle perd automatiquement et légitimement le pouvoir qui lui est conféré envers autrui, et dans ce cas, il est impératif de désobéir à sa Stupidité.

13 - Avoir Conscience, qu'il est totalement légitime, et que c'est un devoir, pour le bien de soi et d'autrui, de Désobéir aux actes et idées Stupides, que cela provienne de soi, d'autrui, ou de n'importe quel type d'organisme ou organisation.

14 - Apprendre à Faire le Bien pour soi et pour autrui, ce qui engendre une pratique cérébrale NOstupide qui, par l'habitude, réduira le phénomène du Stupide.

15 - Apprendre le Travail Collectif NOstupide et l'exercer tant que possible.

16 - Se prêter à l'exercice d'Imaginer un Monde NOstupide, et promouvoir sérieusement l'idée de cette pratique autour de soi.

17 - Toujours faire tout son possible pour Éviter les Conflits, car ils sont inévitablement Stupides et source de Stupidité.

18 - Si le conflit ne peut être évité, alors il faut donner à autrui et se donner à soi le droit inaliénable et légitime, d'être plus astucieux que la Stupidité, pour déjouer ou

réduire ses effets néfastes et dévastateurs.

19 - Dans le cas d'Extrême Menace des effets du phénomène de la Stupidité (la destruction physique, la mort, l'extermination…), donner et se donner le droit inaliénable et totalement légitime de se défendre, de défendre autrui, et défendre l'Évolution Humaine, même si cela implique le Mal-Être et la Destruction de quiconque aurait un niveau exagéré de Stupidité (voir chapitre dans Annexes : Stupidité, Désobéissance et Légitime Défense).

20 - Si, sous prétexte de défendre la NOstupidité, il est employé abusivement de la « Légitime Défense », occasionnant des actes Stupides, alors il s'agit clairement d'une Offense Illégitime, irrévocablement Stupide.

21 - Toujours, de manière générale et NOstupide, faire en sorte que la Stupidité, n'ait pas de pouvoir, et, que ce soit la NOstupidité qui domine toute chose sans exception.

22 - Ne pas avoir peur de dire à haute voix : « La Stupidité, on arrête!... »

23 - La NOstupidité est la nouvelle donne !

3. Le Graphique NOstupide : Un outil d'analyse essentiel contre la Stupidité

3. 1. Processus évolutif du Graphique NOstupide

Avant d'expliquer la fonction du Graphique NOstupide, il faut souligner qu'il fait partie d'un processus évolutif, même s'il diffère fondamentalement, qui s'inspire de l'ingénieuse utilisation d'un graphique de coordonnées cartésiennes classique, par Carlo M. Cipolla, voulant encadrer la compréhension de ce qu'est la Stupidité. En effet, Carlo M. Cipolla, dans son essai « humoristique » ; « *The Basic Laws of Human Stupidity* » (« Les lois fondamentales de la stupidité humaine ») [1], ne définit pas la Stupidité d'une manière théorique avec des explications longues et compliquées, mais en la canalisant à partir de ce qui résulte du comportement d'une personne « stupide ». Pour y parvenir, il classifie les gens en quatre typologies du comportement : l'« Intelligent », le « Bandit », le « Helpless » (« sans-défense », « incapable ») [2], et le « Stupide ».

Tout cela, il l'explique de manière plus ou moins aléatoire sur deux chapitres de son essai, pour cette raison je le résumerai de la façon suivante :

Dans le cadran **I** du graphique des coordonnées cartésiennes (correspondant à $(+/+)$, en haut à droite du graphique ci-dessous) il propose de placer la personne « **Intelligente** », qui parce que suffisamment « intelligente » est capable de procurer, en même temps, un gain à soi-même et à autrui [3].

Exactement à l'emplacement opposé du graphique, dans le cadran III ((-/-), en bas à gauche) il place l'antagoniste de la personne « Intelligente », évidemment, comme nous le comprenons communément, il s'agit de l'être « **Stupide** », qui par ses actes cause de la perte à soi en même temps qu'à autrui [4].

De la même façon, il ajoute deux autres antagonistes dans les cadrans restants II et IV. Le « **Bandit** », qui par ses actes cause une perte à une personne pour obtenir un gain pour soi (cadrant IV, en bas à droite (-/+)) [5].

Et pour finir, l'antagoniste du « Bandit » (cadrant II, en haut à gauche), le « **Helpless** » (« sans-défense », « incapable »), celui qui en donnant quelque chose à une autre personne cause une perte à soi-même [6].

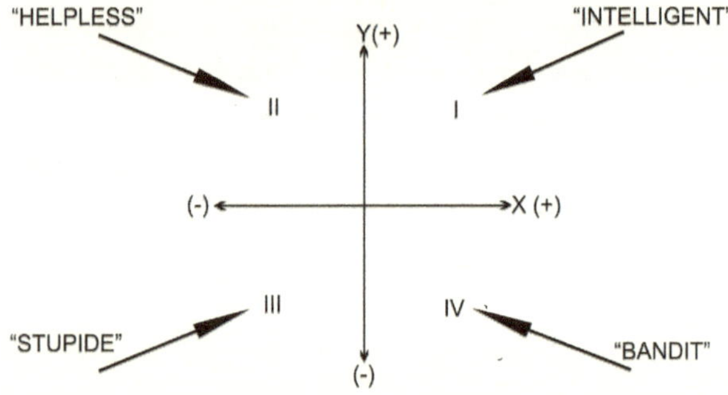

GRAPHIQUE DE COORDONÉES CARTÉSIENNES

Évidemment, il est facile de comprendre que les appellations de « Bandit » et « Helpless » sont assujetties à l'interprétation de valeurs éthiques, lesquelles peuvent différer selon le point de vue de chacun.

Par exemple, il existe ceux qui pensent qu'un « patron » est un « bandit », par le fait qu'il exploite ses travailleurs. C'est-à-dire, en payant une misère ses employés, il s'enrichit.

Cela dit, dans un système économique viable et assujetti à des lois du travail cohérentes, le « patron » d'une entreprise, paye ses salariés avec un salaire correct (leur permettant une bonne qualité de vie), de plus qu'ensemble, employés et patron, payent des impôts à l'État, ainsi, une partie des revenus de tous est redistribuée dans la société pour le bien-être commun. Dans ce cas précis, le « patron », n'est aucunement un « bandit », car suivant ce schéma économique, tous apportent pour se bénéficier ensemble, résultant ceci être « Intelligent ».

En revanche, le gérant d'une entreprise qui commande la fabrication de ses produits en Chine pour éviter de payer des salaires dans son propre pays (lesquels sont plus coûteux à cause des charges salariales et patronales qui ne se payent pratiquement pas en Chine de nos jours), et qui de plus, a son entreprise enregistrée dans un paradis fiscal pour éviter de payer des impôts, éventuellement, à cet entrepreneur, il est possible de le considérer comme un « bandit », car il se bénéficie à lui-même sans « rien » donner en échange aux autres, même si ce système économique n'a rien d'illégal.

Pareillement, l'appellation du prétendu « Helpless » (« sans-défense », « incapable », « ingénue », etc., selon la traduction), du fait qu'il cause une perte à soi-même pour donner à autrui, pour certain cela peut paraître quelque chose d'absurde ou sans raison d'être, pour d'autres c'est un acte de générosité comme le font habituellement les altruistes, un comportement justement, non pas dépourvu, mais doté d'« Intelligence ».

Je veux qu'il soit clair, que je ne critique en quoi que ce soit l'essai de Carlo M. Cipolla, lequel je trouve ingénieux, astucieux, débordant d'humour et facile à comprendre, par ailleurs, en effet, c'est un livre que je conseille à tout le monde de lire. Ce que je « critique » ce sont les lecteurs qui prennent cet ouvrage trop au sérieux, en fait, ce n'est même pas une critique, mais un message d'alerte pour tous ceux qui essaieraient de considérer, ou encadrer, ou juger trop facilement le comportement humain, quand celui-ci est toujours, inévitablement, compliqué, à tel point qu'il est impossible de le considérer d'une façon simple. Pour cette raison, avec le Graphique NOstupide, tout comme avec cet essai sur la NOstupidité (non-stupidité), à la différence de Cipolla, j'essaye de donner à la Stupidité, à l'Intelligence, une analyse et une compréhension scientifique réaliste, pour créer le concept de la NOstupidité (non-stupidité), étant un élément qui change tout fondamentalement et radicalement. Ainsi, l'Intelligence ne pourra plus être comprise comme nous avons l'habitude de le faire.

Un autre point qu'il me paraît important de souligner, est l'aspect « génétique » en relation avec l'Intelligence. Carlo M. Cipolla, comme bien du monde, pense que le potentiel de l'Intelligence d'une personne se donne génétiquement. Cela veut dire, qu'il existe des gens plus intelligents que d'autres. Il me paraît important de soulever cette idée, car si celle-ci est mal comprise, elle peut donner lieu à des interprétations « racistes », « eugénistes » ou « élitistes », lesquelles aujourd'hui n'ont plus de raison d'être (auparavant non-plus, d'ailleurs).

Par ailleurs, et sans aucun préjugé, moi je dirai que… pourquoi pas… Il est certain qu'il existe des gens plus intelligents que d'autres. Mais, en quoi ? Voici la question cruciale. En quoi les uns sont plus intelligents que d'autres ? Il y a des gens plus intelligents (comme nous tous) pour une certaine chose, et notamment, plus stupides pour une autre, et, plus NOstupide (non-stupide) dans certaines choses que d'autres. Une fois de plus, considérer globalement une personne comme « Intelligente » n'a aucun sens.

En outre, il faut comprendre aussi, que certaines circonstances peuvent perturber l'Intelligence d'une personne. Prenons l'exemple d'un homme qui est particulièrement Intelligent pour la psychologie (disons un spécialiste pour les relations de couple), lequel par la suite recevra un traumatisme psychologique (il découvre que sa femme est masochiste et le trompe avec son voisin), il en résultera que là où il était très Intelligent, maintenant il sera Stupide (malgré son doctorat en psychologie, il ne réussira pas à surmonter la douleur causée par la tromperie et il deviendra fou, c'est-à-dire, il aura des réactions et des pensées stupides, provoquant mal-être pour lui et pour les autres).

Tout est toujours complexe et variable, en fin de compte, ces considérations génétiques pour justifier l'« Intelligence », résultent n'avoir aucune importance. Ce qui doit être considéré, c'est ce qui Résulte de l'Intelligence : Stupidité ou NOstupidité (non-stupidité).

Il est parfaitement compréhensible qu'il est difficile de classifier les gens et de les introduire dans un cadre spécifique, de cette façon, pour pouvoir « classifier » une personne, il ne peut être fait qu'en considérant la Tendance majoritaire de son comportement et de ce qui en résulte, mais sans que cela ne puisse se voir comme quelque chose de totalement concluant et définitif.

C'est pour cette raison, qu'il est erroné d'imaginer un graphique de coordonnées cartésiennes où on oppose la Tendance Stupide de l'Intelligente. Car si le positionnement de la Tendance Stupide (en bas à gauche du graphique (-/-)) est effectivement correcte (« représentant ce qui est négatif pour soi-même et pour les autres »), le positionnement de la Tendance Intelligente, à l'opposé (en haut à droite (+/+)) est incorrect, car l'Intelligence n'est en rien une opposition à la Stupidité (voir graphique erroné ici bas).

GRAPHIQUE ERRONÉ OPPOSANT LA TENDANCE STUPIDE À L'INTELLIGENCE

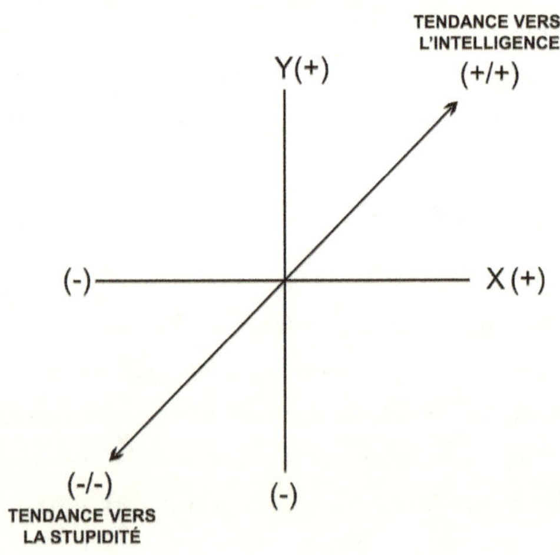

Comme je l'ai déjà expliqué antérieurement, pour comprendre la Stupidité, il faut supprimer la connotation positive qu'on a l'habitude d'attribuer à l'Intelligence, et comprendre que cette qualité positive appartient uniquement à **la NOstupidité (la non-stupidité), de ce qui est positif pour soi, en même temps, que pour autrui (+/+), annexant à ce raisonnement les concepts de Construction, Bien-Être et Évolution** (voir Graphique NOstupide, en bas).

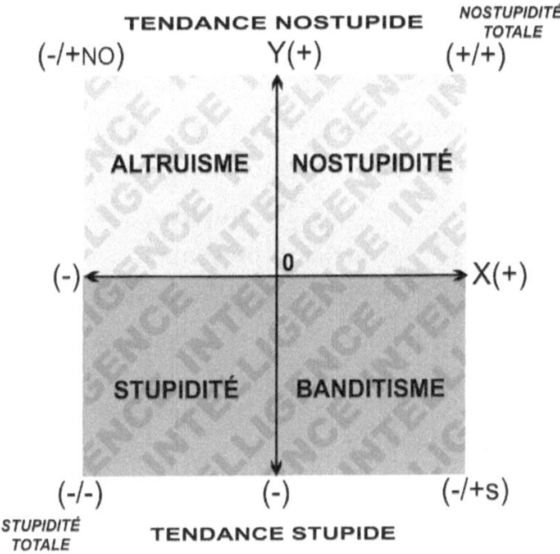

3. 2. La place de l'Intelligence dans le Graphique NOstupide

Comme on peut le constater dans le graphique nommé NOstupide (ci-dessus), ici, l'Intelligence n'est pas placée dans le cadran en haut à droite (+/+) comme une opposition à la Stupidité, mais elle prend place dans la totalité du graphique, car elle est maintenant entendue comme dépourvue de quelconque particulière connotation qualitative positive, ou même négative. L'Intelligence, n'a pas une position clairement définie, si ce n'est qu'étant omniprésente dans tout le Graphique NOstupide, sur tous les axes, à tous les niveaux et dans toutes les valeurs simultanément. Elle est la matrice et le support dans lequel se définiront la Tendance Stupide ou NOstupide (non-stupide) de toute chose.

3. 3. La place de la NOstupidité dans le Graphique NOstupide

À l'emplacement où auparavant se trouvait l'Intelligence (comme opposition à la Stupidité), correspond maintenant à la NOstupidité (la non-stupidité), qui peut prétendre à aller vers la NOstupidité Totale, ce qui peut être compris comme la représentation maximale de la NOstupidité ((+/+) en haut à droite du graphique), c'est-à-dire, ce qui tend de manière absolue à la Construction, le Bien-Être et à l'Évolution, pour soi et pour autrui.

3. 4. La place de la Stupidité dans le Graphique NOstupide

Ainsi, dans le cadran opposé, là-même où Cipolla a placé la personne dite « Stupide », se trouve maintenant la « Stupidité », se comprenant comme un terme plus général. Dans ce cas, il est aussi possible de prétendre à la Stupidité Totale, le summum de la Stupidité (en bas à gauche (-/-)). Ici, on ne parle plus de « gens stupides » comme le faisait

Cipolla, mais clairement de « Stupidité », comme d'une Tendance, car comme je l'ai expliqué antérieurement, il résulte erroné de classifier une personne à cause de la complexité des raisons de son comportement ou de sa pensée. La Tendance à la Stupidité : quand avec l'usage de l'Intelligence et par le résultat des actes, on Détruit, on cause du Mal-Être, on provoque la Stagnation, de soi-même et d'autrui.

3. 5. La place de l'Altruisme dans le Graphique NOstupide

Dans l'extrémité du graphique en haut à gauche, je me refuse d'attribuer cette partie aux gens appelés « Helpless » (« sans-défense », « incapable » ou « ingénue ») comme le faisait Cipolla, mais maintenant clairement à l'« Altruisme », à ceux qui faisant preuve de sacrifice, causant une perte à soi-même, procure un gain à quelqu'un d'autre ((- / + **NO**) le « NO » ajouté précise la Tendance NOstupide), considérant par exemple les héros de guerre, les gens de la résistance durant la deuxième guerre mondiale, les Justes parmi les nations, Jésus Christ, une mère ou un père qui se sacrifie pour ses enfants ou sa famille, les travailleurs, un professeur, le « Président d'une République », un « policier », un pompier, Gandhi, Nelson Mandela, etc.

J'ai décidé de prendre cette position avec une certaine éthique, car je considère que l'acte d'une personne qui donne quelque chose sans rien prétendre en retour, est une valeur et non une erreur de jugement.

En outre, il est clair qu'à celui à qui on a volé quelque chose par la force (il perd pour donner à autrui), ne fait pas une démonstration d'altruisme, car il est simplement une victime. Mais, être la victime d'un vol, n'implique pas être dépourvu d'Intelligence, ou être un « sans-défense », un « ingénu » et encore moins un « incapable ». Une victime n'est pas une victime parce qu'elle le veut, mais parce qu'on le lui impose. Une victime est en quelque sorte un « sacrifié », et par conséquent, on peut la considérer comme un « altruiste involontaire ». Pour cette raison et avec valeur éthique, je considère que le cadran II, concorde correctement à ce qui est à Tendance à l'Altruisme : quand, avec l'usage de l'Intelligence et par le résultat des actes, on Construit, on procure du Bien-Être, on fait Évoluer autrui majoritairement.

3. 6. La place du Banditisme dans le Graphique NOstupide

Ainsi, tout comme Cipolla propose de placer le « Bandit » dans le cadran IV (en bas à droite), je propose que ce soit le « Banditisme », comme une Tendance générale, pour défendre l'idée de ne pas être catégorique en classifiant le comportement humain.

Par ailleurs, il semblerait évident que ce qui s'oppose à l'Altruisme devrait être l'Égoïsme et non pas le « Banditisme ». Cependant, une personne qui tend à la NOstupidité (**qui tend à la Construction, le Bien-Être, à l'Évolution pour soi et pour autrui**) peut notamment être sujette à des raisons égoïstes pour un même comportement NOstupide, mais de là à considérer que son égoïsme la mène à un comportement qui serait relatif au « Banditisme » n'a aucune justification.

- Par exemple, une personne égoïste qui ne veut pas

payer des impôts à l'État (argent qui est pour le bien-être collectif), mais qui paie son dû par obligation légale, dans ce cas, elle ne peut pas être assimilée au « Banditisme », car de fait, elle a accompli son devoir social de payer l'impôt.

Le qualificatif « Banditisme » est plus adéquat que celui de l'« Égoïsme », car il comporte une signification beaucoup plus riche. Le « Banditisme », non seulement implique la notion de l'égoïsme, mais aussi la mauvaise foi, la manipulation, l'escroquerie, le vol, la violence, l'abus de confiance, l'injustice, etc. La Tendance au Banditisme : quand, avec l'usage de l'Intelligence et par le résultat des actes, on Construit, on procure du Bien-Être, on fait Évoluer, soi-même majoritairement (dans le graphique (-/+**s**) le « s » ajouté indique la Tendance Stupide à laquelle appartient le Banditisme).

3. 7. Frontière entre la Tendance Stupide et la NOstupide dans le Graphique NOstupide

Le Graphique NOstupide n'est pas divisé en deux sur l'axe « Altruisme-Banditisme » pour marquer la frontière entre la Tendance NOstupide (non-stupide) de la Tendance Stupide, mais sur l'axe horizontal des abscisses (X) passant par le point « *0* » (voir ci-après comparaison entre Graphique axé « Altruisme-Banditisme » et « NOstupide »). Il est vrai qu'on pourrait penser, a priori, par une certaine logique mathématique évidente, que la division entre la Tendance Stupide de la NOstupide devrait se faire justement sur l'axe « Altruisme-Banditisme ».

GRAPHIQUE AXÉ "ALTRUISME - BANDITISME"

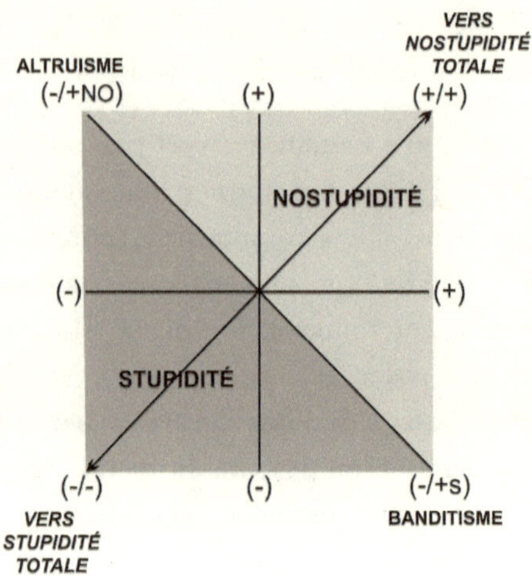

GRAPHIQUE NOSTUPIDE DE JOAN LUZZARA

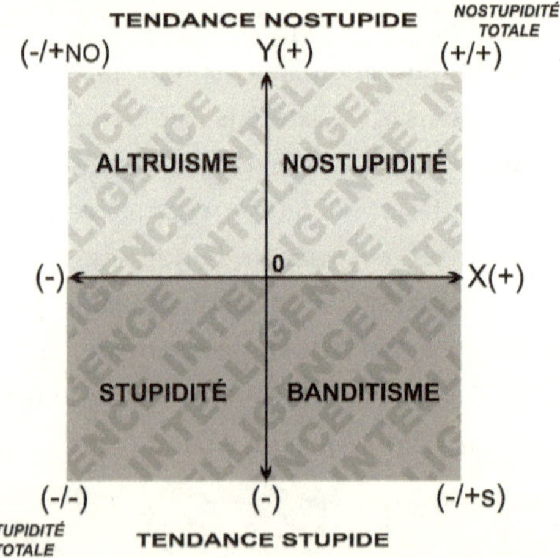

Mais, si on réfléchit « correctement », avec valeur éthique, on peut constater que ce graphique axé « Altruisme-Banditisme » mène à une erreur d'appréciation.

Supposons que nous avons deux types de Bandits, un « Petit Bandit », celui qui vole un bonbon à un enfant, et un « Grand Bandit » qui est en train de voler une banque. Les deux personnages se trouvent dans le cadran correspondant aux « Banditisme » (cadran IV, en bas à droite). L'un d'entre eux, le « Petit Bandit », se procurant un petit bénéfice et provoquant une petite perte, se trouve proche de la Tendance NOstupide. Et l'autre bandit, celui qui provoque un désagrément beaucoup plus important se trouve dans la partie Gris Foncé relative à la Tendance Stupide (voir ci-dessous, Graphique du « Petit Bandit »).

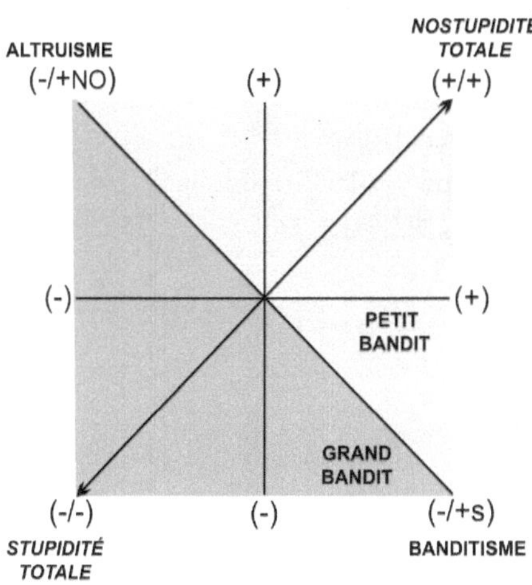

Suivant cette logique mathématique, dans laquelle la séparation entre la tendance Stupide et NOstupide se fait par la diagonale « Altruisme-Banditisme », le « Petit Bandit » se trouve alors dans la Zone Gris Clair qui déterminerait la « Tendance NOstupide » (non-stupide) allant vers la NOstupidité Totale. Ce « Petit Bandit » serait donc à « Tendance NOstupide », allant vers le Bien-Être, la Construction et l'Évolution.

Eh bien, *Non…* C'est une erreur d'appréciation éthique qui confronte la logique mathématique. Car un « Petit Bandit » reste un « Bandit », justement parce qu'il provoque Mal-Être, Destruction (perte) à autrui, pour obtenir un gain pour soi (même si le gain reste infime). C'est pour cette raison, qu'il est indiscutable, que la frontière qui définit ce qui est à Tendance Stupide ou NOstupide, est marquée par l'Abscisse (ligne horizontale : « X ») passant par le point « 0 », frontière de la Tendance de ce qui procure Bien-Être ou Mal-Être, Construction ou Destruction, Évolution ou Stagnation. Un « Bandit » reste un bandit, de ce qui est de l'ordre de l'Injuste et Négatif. À l'opposé, un « Altruiste » reste un altruiste, de ce qui est Juste et Positif (voir Graphique NOstupide rectifié du « Petit Bandit », suivant).

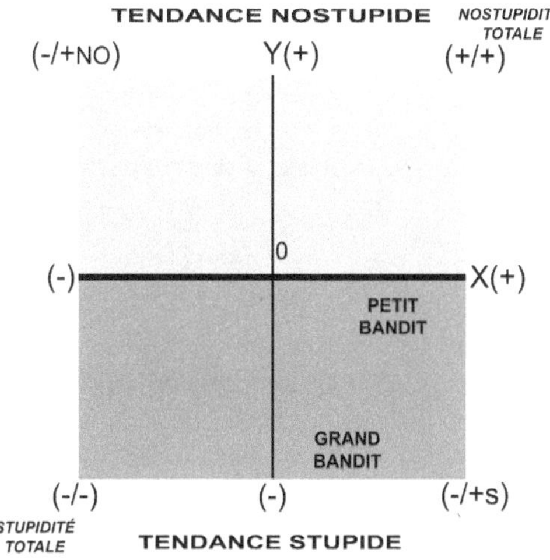

C'est pour cette raison, que tout ce qui va vers le bas à partir de l'abscisse (X) passant par le point « 0 », est à **Tendance Stupide** (en Gris Foncé), et par conséquent, à l'opposé, tout ce qui va vers le haut sera à **Tendance NOstupide** (en Gris Clair), toujours dans le sens de ce qui progresse, de ce qui procure le Bien-Être, la Construction et permet l'Évolution.

Évidemment, il se doit de comprendre que l'Altruisme et la NOstupidité (non-stupidité) sont tous deux des concepts à Tendance NOstupide. De même, à l'opposé, la Stupidité et le Banditisme, sont à Tendance Stupide.

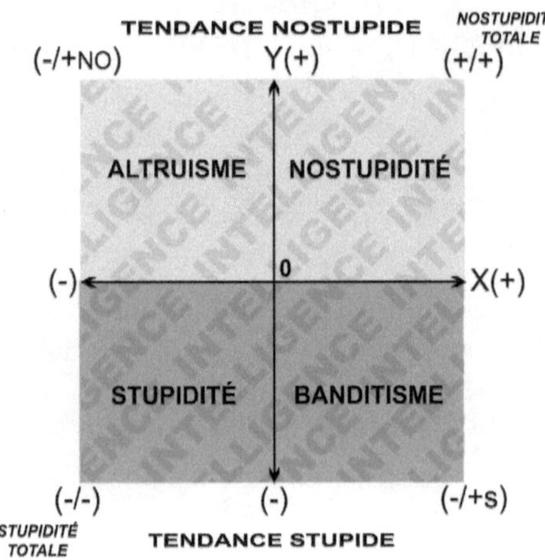

3. 8. Le Stultidant

Le Stultidant est une Variable Inconstante (Graphique NOstupide avec Stultidant, suivant) qui représente le parcours des différentes activités dont est capable l'Intelligence pour aboutir à des raisonnements, des sensations, des idées, des actes, etc. Il faut imaginer le Stultidant comme une flèche folle en constant mouvement, qui suit le chemin fou de l'Intelligence dans diverses directions pour aboutir à un positionnement final, qui sera par conséquent à Tendance plus ou moins Stupide ou NOstupide (non-stupide).

J'ai décidé d'appeler cette Variable Inconstante le Stultidant, et non pas le « Stupidant » ou le « NOstupidant », car dans ce cas précis, je voulais justement me rattacher à l'étymologie latine de *Stultus*, de ce qui est Sot, Déraisonnable et Fou, de ce qui n'a pas de sens et cherche pourtant un sens sans raison. Le chemin que parcourt l'Intelligence est un chemin *stulte* (fou), et qui aboutira indéniablement à un résultat à Tendance Stupide ou NOstupide (non-stupide).

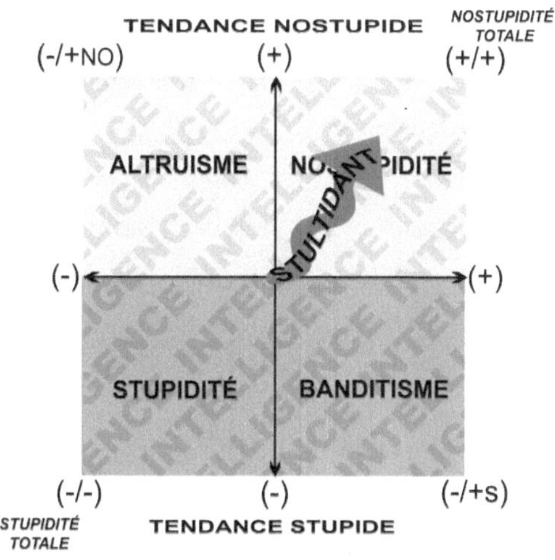

Pour comprendre le Stultidant, imaginons l'exemple d'un père qui va chercher sa fille de six ans à l'école. Il marche avec elle dans la rue, et pendant qu'il la tient par la main, la petite lui pose sans cesse des questions sur tout et n'importe quoi, auxquelles il répond tant bien que mal. Soudain, il reçoit un appel téléphonique de son patron qui, furieux, lui apprend qu'il est licencié à cause d'une prétendue faute professionnelle. Choqué par cette mauvaise nouvelle et à la fois exaspéré par les questions incessantes de l'enfant, il donne à sa fille une gifle pour la faire taire.

Dans cet exemple (voir Graphique NOstupide de la « Petite Fille », suivant), le Stultidant du père est passé du côté de l'Altruisme (pendant qu'il répondait gentiment aux questions de sa fille), à la zone du « Banditisme » (quand, exaspéré, il lui donne une gifle, stupidement) pour aboutir à la zone de la Stupidité, car les conséquences de la gifle « injuste » auront des répercussions négatives pour le père et la fille (la douleur, la crainte, la perte de confiance, mauvaise relation entre père et fille, etc.). Ici encore, on peut comprendre que quiconque est capable de Stupidité, et que le Stultidant désigne le parcours variable et Fou (*Stulte*) que peut avoir l'Intelligence.

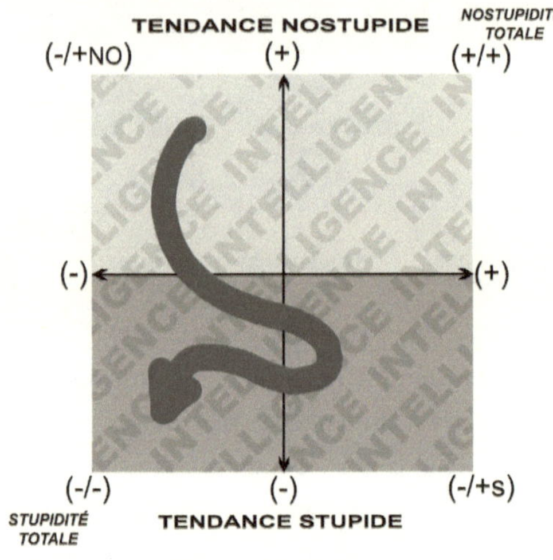

3. 9. Résumé du Graphique NOstupide

Pour résumer, il faut comprendre que le Graphique NOstupide (voir graphique ci-desous) :

1 - place l'Intelligence dans la totalité du graphique ;

2 - que l'axe qui divise la Tendance Stupide de la NOstupide (non-stupide) est celui des abscisses (X) passant par le point « *0* » ;

3 - que la Tendance à la NOstupidité Totale (+/+) est l'opposé exact de la Tendance à la Stupidité Totale (-/-) ;

4 - que la Tendance au Banditisme (-/+ S) est l'opposé de la Tendance à l'Altruisme (-/+ **NO**) ;

5 - que le Stultidant est une « Variable Inconstante » qui représente les différentes activités du parcours de l'Intelligence pour aboutir à un résultat à Tendance plus ou moins Stupide ou NOstupide (non-stupide).

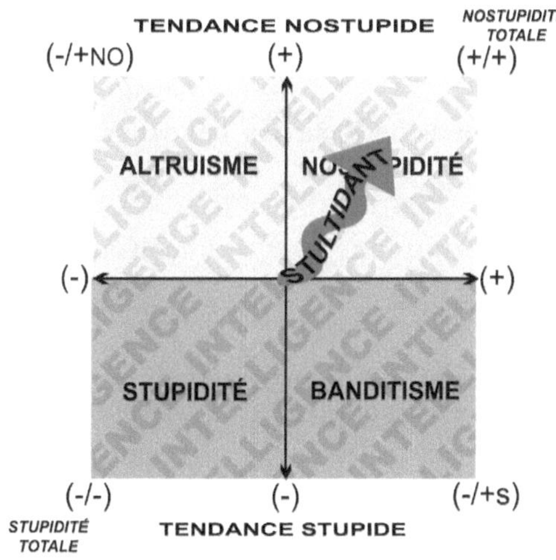

3. 10. Les Tendances dans le Graphique NOstupide et ses Subdivisions

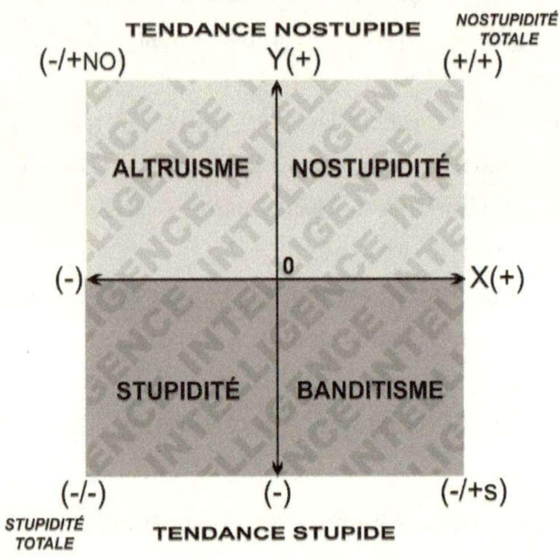

3. 10. 1. Préceptes de Base des Tendances :

Tendance NOstupide : Construction, Bien-Être, Évolution.

Tendance Stupide : Destruction, Mal-Être, Stagnation.

3. 10. 2. Subdivisions des Tendances :

TENDANCES NOSTUPIDES :

Tendance à la NOstupidité : Quand, avec l'usage de l'Intelligence et par le résultat des actes, on Construit, on procure du Bien-Être, on fait Évoluer, soi-même et autrui.

Tendance à l'Altruisme : Quand, avec l'usage de l'Intelligence et par le résultat des actes, on Construit, on procure du Bien-Être, on fait Évoluer autrui majoritairement.

TENDANCES STUPIDES :

Tendance au Banditisme : Quand, avec l'usage de l'Intelligence et par le résultat des actes, on Construit, on procure du Bien-Être, on fait Évoluer, soi-même majoritairement.

Tendance à la Stupidité : Quand avec l'usage de l'Intelligence et par le résultat des actes, on Détruit, on cause du Mal-Être, on provoque la Stagnation, de soi-même et d'autrui.

Il est évident que le Graphique NOstupide peut être utilisé pour d'innombrables sujets, comme pour l'analyse de notre comportement, de la relation qu'on peut avoir avec un ami, avec la famille, et bien sûr, pour des domaines où les conséquences sont plus sérieuses et dévastatrices comme l'écologie, la stratégie, l'économie, les différents systèmes politiques, la science, la finance, la géopolitique, etc. Le Graphique NOstupide aide à prendre conscience de ce qu'est l'Intelligence, la Stupidité et la NOstupidité (non-stupidité) et de son application analytique sur toute chose sans exception.

De manière imprécise, mais en suivant la logique du Graphique NOstupide, je propose deux exemples d'application concernant les systèmes politiques et économiques.

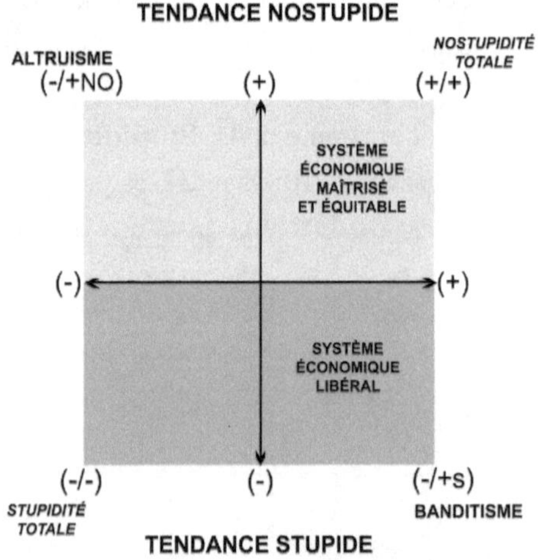

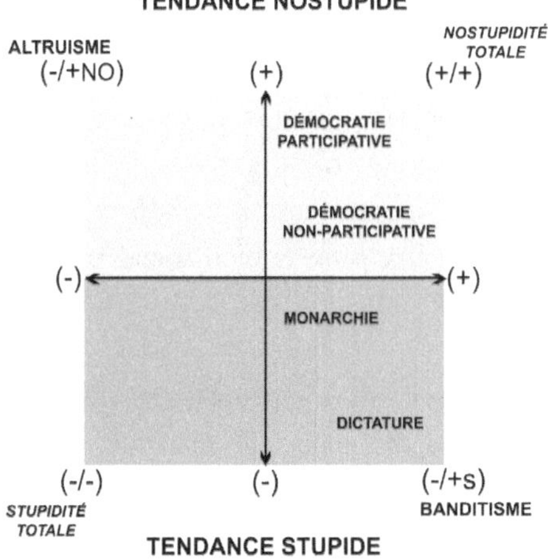

3. 11. Graphique NOstupide à l'intérieur d'un Graphique NOstupide

La réalité de notre vie, complexe, ne peut pas être associée à une logique mathématique simple, à moins que la mathématique puisse s'adapter à cette complexité, constamment variable.

Il est compréhensible que le Graphique NOstupide doit être considéré sous une vision éthique, ce qui implique dans certains cas de créer un Graphique NOstupide qui inclut un autre Graphique NOstupide (voir Graphique NOstupide des professeurs, suivant).

- Si un professeur a une démarche altruiste par sa fonction qui est celle de transmettre un savoir sans rien espérer en échange, alors, que doit-on comprendre des élèves ?

Sont-ils voués au Banditisme ? Des personnes qui reçoivent une connaissance sans rien donner en retour ?

Pas du tout, l'apprentissage dont s'approprie un élève, d'une certaine façon est rétribué à la société, car le savoir qu'il a acquis générera du travail, de l'argent, le paiement d'impôts (argent redistribué dans la société), mais aussi, générera des comportements relatifs à ce qu'il a appris à l'école, supposés être pour le bien social, pour le Bien-Être de tous.

Ceci dit, imaginons un professeur qui enseigne à ses élèves des préceptes nazis, le racisme, la haine, l'intolérance, le dogmatisme, etc.

Ce professeur, dont la fonction est de donner des connaissances sans rien espérer recevoir en retour, peut aussi être considéré comme un altruiste, mais un altruiste du « mal ». Cela implique un véritable questionnement sur l'emplacement qu'il doit prendre dans le Graphique NOstupide, car son enseignement génère de la Destruction et du Mal-Être.

Ce professeur s'est-il vraiment voué à l'Altruisme ? Sachant que ses élèves vont pouvoir reproduire de la Destruction et du Mal-Être, à cause de l'enseignement qui leur a transmis, la Tendance du professeur est donc Stupide, même si sa démarche semble vouée à l'« Altruisme ».

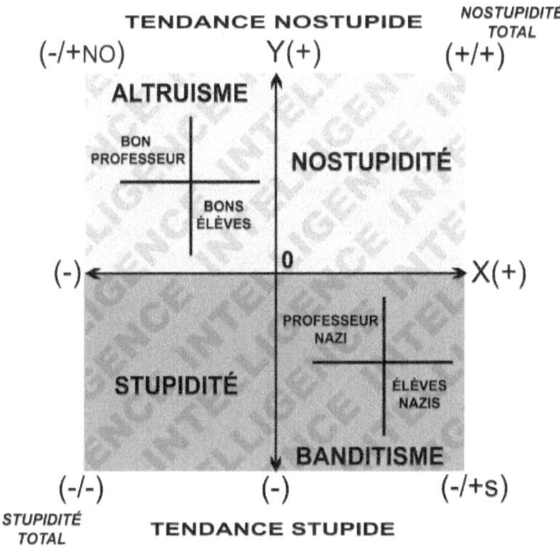

Je ne l'avais pas mentionné auparavant, car cela me paraissait évident, comprendre que tout raisonnement implique en soi une considération éthique. En effet, un raisonnement qui se veut être scientifique et rationnel, dépendra toujours d'un point de vue, car il est assujetti à une considération positive ou négative, selon si elle peut procurer ou pas, du Bien-Être, de la Construction et de l'Évolution.

Dans tous les cas, on doit comprendre que tout raisonnement mathématique qui peut être appliqué à la vie, à l'humanité, à l'existence, ou à la raison, ne peut pas être considéré sans un point de vue éthique.

Grâce à la considération éthique, nous pouvons définir les choses, que cela soit pour leur donner un nom, ou pour considérer l'idée de ce qui est bon ou mauvais, ce qui est négatif ou positif. Dans ce sens, je suis ouvertement en désaccord avec toute logique scientifique qui considère que pour obtenir des résultats objectifs, on doit toujours s'éloigner d'une considération éthique. Personnellement, cela me paraît impossible quand il s'agit de sciences, dont les conséquences directes ou indirectes, ont des répercutions sur l'existence des êtres vivants, humains ou animaux.

Dans notre cas, les mathématiques ne s'imposent pas à l'éthique, car pour ce qui est de l'ordre des considérations sociales ou éthiques, les mathématiques ne représentent qu'un simple outil de visualisation.

Si les mathématiques, ne se conçoivent pas dans le domaine des valeurs NOstupides (non-stupides), éthiques et positives, permettant le Bien-Être, la Construction et l'Évolution, alors il résulte Stupide, comme le font certaines idéologies financières ou politiques, de vouloir tout envisager dans la société sous l'angle des mathématiques.

4. Les Règles Fondamentales de la NOstupidité

Après avoir exposé ce que je pense être le « remède » à la Stupidité, je propose, dans le même élan, d'instituer les « Règles Fondamentales de la NOstupidité ». Car si le « Remède » a pour vocation de freiner la Stupidité, les « Règles Fondamentales de la NOstupidité » s'implantent comme une base pour promouvoir l'Évolution, et, comme précepte à toute chose qu'elle soit d'ordre moral, écologique, politique, économique, scientifique, philosophique, comportementale, etc., de manière universelle.

4. 1. Les Quatre Règles Fondamentales de la NOstupidité qui sont le Précepte

- Première Règle Fondamentale de la NOstupidité : **L'Intelligence, la Stupidité et la NOstupidité sont ensemble une triade indissociable et inaliénable à caractère universel et transcendantal.**

- Deuxième Règle Fondamentale de la NOstupidité : **L'Intelligence est un phénomène transcendantal et universel, qui résulte de la capacité d'un ou plusieurs cerveaux, ayant systématiquement pour répercussion des conséquences plus ou moins Stupides ou NOstupides.**

- Troisième Règle Fondamentale de la NOstupidité : La Stupidité est un phénomène transcendantal et universel produit par l'Intelligence qui engendre la compréhension incorrecte des choses, dans le sens qu'elle produit des Idées et des Actes Stupides, engendrant systématiquement le Mal-Être, la Destruction et la Stagnation de l'Évolution.

- Quatrième Règle Fondamentale de la NOstupidité: La NOstupidité est un phénomène transcendantal et universel produit par l'Intelligence qui engendre la compréhension correcte des choses, produisant des Idées et des Actes NOstupides (non-stupide), engendrant systématiquement le Bien-Être, la Construction et l'Évolution.

4. 2. Corollaires aux Règles Fondamentales de la NOstupidité

1 - Toute personne, sans exception, est capable d'être plus ou moins Stupide ou NOstupide.

2 - La tendance Stupide ou NOstupide de toute personne peut être réversible.

3 - La Peur et le Désir sont dans toute chose plus ou moins Stupide et NOstupide. NOstupide est de réussir à maîtriser la Peur et le Désir, Stupide est de ne rien maîtriser.

4 - Tous les humains, sans exception, naissent plus

ou moins Inégaux, mais leur tendance à être plus ou moins Stupide ou NOstupide est totalement indépendante de leurs différences, seul le résultat de ce qu'ils produisent peut définir leur tendance Stupide ou NOstupide.

5 - La Stupidité et la NOstupidité découlent de tout type d'Intelligence, individuelle ou collective, humaine, animale, végétale, écologique, artificielle, universelle, etc.

6 - Toute chose Intelligente qui paraît être à caractère NOstupide (non-stupide) mais qui, dans le résultat, en découle du Mal-Être, de la Destruction, de la Régression, de la Stagnation, à un degré plus ou moins important, est irrévocablement Stupide.

7 - Il faut toujours Désobéir à toute forme de Stupidité, seul élan totalement NOstupide et Évolutif.

8 - La Légitime Défense doit être employée si la Désobéissance à la Stupidité ne suffit pas. La Légitime Défense doit toujours rester dans le but de défendre la NOstupidité (le Bien-Être, la Construction, l'Évolution) et de manière non abusive, car le contraire serait irrévocablement Stupide.

9 - De manière générale, en amont, il faut toujours faire en sorte que la Stupidité n'ait pas de pouvoir, et, que ce soit la NOstupidité qui domine toute chose sans exception pour éviter les situations de menace extrême. Ainsi, faire en sorte de ne jamais être obligé

d'avoir recours à la Légitime Défense.

10 - Plus l'Intelligence est collective, plus la tendance Stupide augmente et plus la tendance NOstupide diminue. Le collectif doit être au préalable à tendance NOstupide, et conscient de cette règle pour contrecarrer la Stupidité Collective.

11 - Ces corollaires ne tendent pas à vouloir être uniques et, invitent quiconque à en créer de nouveaux, dans la mesure où qu'ils respectent les principes et les Règles Fondamentales de la NOstupidité.

ANNEXES

Humour et Stupidité - La Quantité

L'Humour utilise la bêtise, le ridicule, l'insolite, l'incongru, le fou ou le Stupide pour nous faire rire et nous faire passer un moment de bonheur. L'humour relativise l'absurde et le tragique, et, à travers le rire, nous donne du recul par rapport à ce que nous vivons, nous donne une dimension à tendance NOstupide de la compréhension des choses.

Par le rire, l'humour nous évite la colère ou la tristesse. En apparence, à tendance NOstupide, l'humour provoque le bien pour soi et pour autrui.

Pourtant, bien que l'humour soit à la limite de la NOstupidité, il reste bel est bien à caractère Stupide, car il résulte toujours de la disgrâce, du mal-être, de la destruction, de la non-évolution. On ne rit pas de ce qui va bien, on rit de ce qui va mal. C'est dans le Taux (la quantité) de disgrâce que la Stupidité peut nous faire rire.

- Si un bébé, en buvant un verre de chocolat au lait, se badigeonne le visage, cela peut vous paraître amusant et vous faire rire, même si l'enfant en pleure.

Mais si le bébé boit un verre d'eau bouillante et qu'il se brûle le visage, la gorge…, normalement, cela ne vous fera pas rire. Sauf si vous êtes un psychopathe (stupide).

L'humour est bien à tendance Stupide, c'est du taux de Stupidité qu'il faut se prémunir.

Ce taux de Stupidité qui se limite à l'humour, à la frontière de la NOstupidité, doit rester un indicateur positif pour l'éveil de la NOstupidité.

Stupidité et Prévisibilité

Nous avons tendance à penser que la Stupidité est imprévisible, ce qui d'ailleurs est indéniable. Il est très difficile d'être conscient de notre propre Stupidité, difficile d'être conscient de tout ce qu'elle provoque autour de nous, difficile aussi de pouvoir la maîtriser et d'autant plus quand il s'agit de celle des autres.

Par ailleurs si nous ajoutons que nous ne sommes pas toujours conscients de nos peurs, de nos réactions, de nos sentiments, de notre imaginaire appris de génération en génération, mais aussi de ne pas être sûr de ce que nous savons, de la vérité des choses, de ne pas être sûr de pouvoir contrôler notre physique corporel et mental à cause de la fatigue ou de la maladie, de ne pas être sûr de comprendre ce chemin fou que parcourt l'intelligence dans chaque raisonnement, alors il est évident que notre Stupidité est incontrôlable, et par conséquent à tout moment imprévisible.

Mais, si nous faisons l' effort de prendre conscience de ce qu'est vraiment la Stupidité et des principales causes qui la constituent et la provoquent (voir chapitre, Les Quatre Failles Systémiques Productrices de Stupidité), alors nous pouvons nous en prémunir et réduire son impact. Ceci, est comme apprendre à tomber grâce à la pratique du judo. Nous ne pourrons jamais éviter de tomber un jour, mais avec l'aide des exercices de ce sport, au moment de chuter, nous éviterons de nous blesser gravement.

Dès que nous pensons ou faisons quelque chose qui provoque de la destruction ou du mal-être, nous sommes très probablement sous l'emprise de la Stupidité. Avec ce simple raisonnement de base, nous pouvons alors rendre l'imprévisibilité de ce mal, prévisible.

La Stupidité est physique tout comme la pensée

Il faut comprendre une réalité physique essentielle. Tout ce qui appartient à la pensée comme, par exemple, la psychologie, la philosophie, etc., n'a rien de virtuel à l'intérieur du cerveau. Une idée, un raisonnement, est bien une entité totalement physique, constituée de graisse, d'eau, de neurones, d'électricité, etc. Quand nous modifions une idée, c'est bien une partie physique de notre cerveau qui se modifie.

La Stupidité chez les tortionnaires le prouve : quand ils exercent la torture psychologique sur leurs victimes, par des moyens complètement Stupides (provoquant Mal-Être et Destruction...), ils sont capables de rendre une personne physiquement folle, ils modifient physiquement les connexions du cerveau à tel point qu'il ne fonctionne plus correctement et que la personne « déraisonne » (devient folle) [1].

Le même phénomène se produit avec des idées, des raisonnements, et des pensées évolutives et NOstupides, provoquant l'Évolution du cerveau humain, bel et bien physiquement. Chaque Idée NOstupide modifie notre physique pour nous conduire vers des actes NOstupides, qui deviendront des réflexes NOstupides du comportement.

Stupidité, Désobéissance et Légitime Défense

Bien sûr, il serait bon de vivre un jour dans un monde où régneraient uniquement la paix et l'« harmonie ». Sans les conflits (Régression, Destruction et Stagnation), cela serait beaucoup plus pratique pour l'Évolution et le Bien-Être de tous. On pourrait ainsi se consacrer entièrement à tout type de sciences, d'études, d'organisations sociales et politiques NOstupides (non-stupide) sans avoir à perdre notre temps pour se défendre continuellement de conflits quelconques, qu'ils soient politiques, militaires, religieux, ou de toute autres sortes.

Mais malheureusement, l'histoire et le monde en général, nous montre une autre réalité, que la menace extrême provenant des effets de la Stupidité, est inévitable. On ne peut pas nier les charniers de la 1ère Guerre Mondiale, l'existence de psychopathes comme Hitler, la Stupidité de fanatiques en tous genres disposés à exterminer ceux qui ne leur ressemblent pas, mais aussi, la Stupidité de certaines personnes au pouvoir qui ne réalisent pas les conséquences néfastes et dévastatrices de leurs dires et de leurs actes stupides.

Sans aucun doute, si on avait pu comprendre la Stupidité et son pouvoir destructeur, et, comprendre la valeur légitime et inaliénable de Désobéir à la Stupidité, les soldats de la Première Guerre auraient désobéi aux généraux stupides qui les commandaient, évitant ainsi les charniers stupides et totalement inutiles [1]. Peut-être même qu'il n'y aurait pas eu de Deuxième Guerre Mondiale, peut-être qu'il n'y aurait jamais eu de dictateurs nulle part. Peut-être que beaucoup de problèmes seraient bien mieux gérés de nos jours dans les domaines de l'écologie, l'économie, la géopolitique, la science, la médecine, etc.

L'obéissance à une personne (ou à un pouvoir), ne peut s'exercer que si nous lui faisons Confiance ou, au contraire, si nous en avons Peur. Il est évident que si nous obéissons parce que nous craignons une menace, dans tous les cas et de manière générale, même si cela était pour sauver notre vie ou celle d'un être cher, c'est parce que nous nous trouvons dans une situation où la Stupidité détient le pouvoir. Très rares sont ceux qui désobéissent à la menace, même si elle reste infime. Mais imaginons la situation inverse où tout le monde Désobéit à la menace, alors la Stupidité n'aura plus aucun pouvoir. Cet exemple a déjà été démontré au cours de plusieurs évènements historiques, comme dans la révolte d'indépendance pacifique menée par Gandhi en Inde.

Obéir à qui l'on fait confiance, ou à ce en quoi l'on fait confiance, n'est pas une mauvaise chose, sauf s'il s'agit de commettre ou de dire des Stupidités.

Dans tous les cas, il faut essayer de ne jamais obéir à ce qui provoque le Mal-Être, la Destruction, et la Stagnation de l'Évolution Humaine, à la Stupidité en général.

Il faut juste avoir conscience et confiance en la Désobéissance, et la mettre en pratique NOstupidement.

Les cas extrêmes ne peuvent tout de même pas être évités : si la désobéissance à la Stupidité ne suffit pas et que la menace de destruction et d'extermination devient réelle, alors il ne faut avoir aucun doute, ni aucun regret d'exercer la Légitime Défense, même si cela implique l'application d'actes Stupides ayant pour conséquences, le Mal-Être et la Destruction envers qui exerce la menace.

ATTENTION !! Tout de même, exercer la Légitime Défense doit toujours rester dans le cadre de défendre la NOstupidité (défendre le Bien-Être, pour soi et autrui, conduisant à l'Évolution Humaine). Car si les Actes de Légitime Défense, causant Mal-Être et Destruction, s'éloignaient de l'idée unique de défendre la NOstupidité, alors ils seraient irrévocablement à Tendance Stupide, très sûrement voués au « Banditisme ».

- Une personne à Tendance NOstupide, qui prend une arme pour défendre sa famille contre un envahisseur qui lui veut du mal, a une démarche de Légitime Défense, comme l'avait fait un résistant pendant la deuxième guerre en France.

- Une personne armée (à Tendance NOstupide) qui envahit un territoire étranger peuplé de gens à Tendance Stupide, pour les convaincre de se convertir à la NOstupidité, est irrévocablement vouée au « Banditisme », ce qui est à Tendance Stupide. Et son action n'est pas de la Légitime Défense, mais de l'Offense Illégitime.

De manière générale, en amont, il faut toujours faire en sorte que la Stupidité n'ait pas de pouvoir, et, que ce soit la NOstupidité qui domine toute chose

sans exception pour éviter les situations de menace extrême. Ainsi, faire en sorte de ne jamais être obligé d'avoir recours à la Légitime Défense.

Doctes et Stupidité ou le « Doctisme »

Il est intéressant de s'apercevoir que les gens « doctes » (les prix Nobel, les sages, les gens soi-disant très intelligents et cultivés) sont tous capables d'actes et d'idées stupides.

Cette conséquence, désacralise la hiérarchisation, ou la « Divinisation » que l'on peut porter à ce genre de personnes.

Par conséquent, il faut désacraliser les choses dites par ces gens-là, si ce qui est dit est porteur de Stupidité.

Souvent, on a tendance à croire, que tout ce qui est dit par une personne « docte », est nécessairement « non-stupide », car on suppose que ce qu'elle dit ou fait, repose sur une expérience sage ou sur des études approfondies. Ceci est un vice de raisonnement, car si ce qui est dit provoque le Mal-Être et la Destruction, c'est forcément Stupide.

Il faut désacraliser le « Doctisme » pour comprendre la Stupidité et aller vers la NOstupidité, le Bien-Être pour soi et pour autrui, vers l'Évolution Humaine.

Pour autant, **il ne faut en aucun cas s'imaginer que faire des études ou s'instruire serait Stupide. Bien au contraire, plus on s'instruit, plus on étudie, plus on**

cherche et on recherche, plus on s'éloigne de la possible Stupidité. Mais tout de même, il faut prendre conscience de gérer tout son savoir de façon à arriver à des résultats NOstupides. Le fait de se cacher derrière un diplôme ou un certain statut, pour, par la suite, dire ou commettre des Stupidités, est d'autant plus Stupide et dangereux, ceci est du « Doctisme » (voir dans Définitions : Doctisme).

Pouvoir, Stupidité et Légitimité

Comprenant que quiconque peut faire preuve de Stupidité, il se pose la question de la Légitimité d'une personne ou d'un groupe de personnes (ou d'un système politique au Pouvoir) happées par le phénomène de la Stupidité.

Ici, le lien entre le Pouvoir et le phénomène de Stupidité est un problème Extrêmement Important. Plus le Pouvoir d'une personne ou d'un système est grand, plus les répercussions seront graves et désastreuses, et d'autant plus, si cela se répercute sur une population tout entière, un pays, un continent ou la planète, tant pour ce qui concerne la géopolitique, l'écologie, l'économie, etc., ce qui implique, forcément, de mettre en danger l'Évolution Humaine et la Vie Humaine sur Terre.

Pour cette raison, une personne (ou une organisation) avec beaucoup de pouvoir qui est dominée par le phénomène de Stupidité, perd automatiquement et légitimement le pouvoir de responsabilité face à autrui. Il faut cesser avec cette personne, ou cet organisme, toute activité d'obéissance [1].

Stupidité Collective et Pouvoir

La Stupidité Collective est très difficile à maîtriser pour plusieurs raisons.

D'une part, parce qu'il est beaucoup plus facile de contrôler sa propre Stupidité que celle des autres. Faire remarquer à quelqu'un sa Stupidité est normalement considéré comme offensant, ce qui provoque sur l'individu atteint par le phénomène de Stupidité une réaction de repli sur soi et de blocage (par dignité ou orgueil), qui a pour effet de protéger son Stupide interne et de le renforcer, rejetant ainsi toute idée NOstupide.

Mais aussi, parce que le phénomène collectif efface l'individu. L'Intelligence Collective (tout comme la Stupidité Collective) implique que plusieurs cerveaux s'unissent en une seule intelligence qui se focalise sur une seule idée (ou pensée) collective. Ce phénomène de groupe empêche (ou limite) et isole la pensée individuelle, laissant l'individu seul, à la merci de la pensée collective Stupide, si c'est le cas. Il va de soi, que plus la collectivité est grande, si elle est happée par la Stupidité, alors plus le phénomène du Stupide sera important.

La principale façon de maîtriser la Stupidité Collective, c'est qu'au préalable, chaque individu soit à tendance NOstupide, et que l'idée commune dans laquelle tous se rassemblent, soit aussi à tendance NOstupide. Ainsi, si la Stupidité venait à surgir, elle serait freinée et rejetée par la collectivité NOstupide.

Cependant, malgré la conscience que peut avoir une

collectivité NOstupide, le phénomène qu'engendre la Peur peut inverser la donne.

- Imaginons une ville ou un pays cosmopolite, où les gens sont habitués à vivre ensemble, sans problème, acceptant les différences culturelles, de couleurs, ou de tout autre type. Cette façon de vivre collective, aujourd'hui banale dans certains pays, est enrichissante, passive et totalement NOstupide.

Mais si la Peur fait irruption dans cette convivialité harmonieuse, celle-ci peut être rapidement ébranlée. Imaginons qu'un « leadeur » de couleur Violette commence à accuser de « criminels » tous les gens de couleur Verte, avec des arguments qui sembleraient « logiques » et « véridiques », mais pas moins Stupides, alors la peur s'installe auprès de la population Non-Verte, la Stupidité commence à prendre place dans les mauvais raisonnements (stupides), les gens Verts, coupables ou innocents, s'isolent (apeurés eux aussi), et le mécanisme de convivialité collectif NOstupide se dégrade peu à peu.

La Peur est un facteur redoutable que possède le Pouvoir de la Stupidité, que seuls peuvent maîtriser les gens à tendance NOstupide, sachant maîtriser la Peur. Uniquement s'il y a compréhension de ce qu'est la Stupidité, et, s'il y a une convention collective de NOstupidité, alors quand le Stupide prend place dans le collectif, il perd sa force parce que justement le collectif ne permet pas son intrusion.

- Après un rude et douloureux match de rugby (où les

joueurs se font mal, stupidement), les joueurs adverses se remercient et s'applaudissent tous fraternellement (convention collective NOstupide), et par cet exemple, leurs supporteurs ont tendance à fraterniser en sortant du stade. À l'inverse de ce qui arrive parfois dans les matchs de football, où les supporteurs s'agressent à la sortie du stade, stupidement.

La NOstupidité est dans nos entrailles, Libre, Légitime, Inaliénable, Inconditionnelle, et comme le fait le cœur à chaque instant, elle n'a pas besoin d'attendre le bon moment pour battre !

DÉFINITIONS

Cerveau : Organe ou Entité, individuelle ou plurielle, matérielle, virtuelle ou spirituelle, qui génère de Intelligence.

Doctisme : caractère ou doctrine d'une personne de connaissance étendue et approfondie, se dissimulant derrière un diplôme, une récompense, une académie, une organisation reconnue, de façon à vouloir paraître le garant légitime d'une vérité infaillible, afin de dire ou commettre des Stupidités qui en apparence ne le sont pas, mais qui s'avéreront inévitablement être porteuses de Mal-Être, Destruction et Stagnation à l'Évolution Humaine, ce qui est Stupide [1].

Doctiste : se dit de ce qui a recours au Doctisme.

Intelligence : phénomène transcendantal et universel, d'un terme dérivé du latin *Intellegentia* (faculté de comprendre), composé du préfixe *Inter* (entre), et du verbe *legere* (« ramasser », « recueillir »), qui est essentiellement l'aptitude d'un ou plusieurs cerveaux à discerner et comprendre, sans qu'il y ait une considération qualitative ou quantitative, positive ou négative, qui résulte de ce processus, donnant ainsi de manière systématique et invariable un résultat plus ou moins Stupide ou NOstupide. N'a pas d'antonyme.

- L'intelligence de plusieurs scientifiques a poussé la technologie à des avancées inimaginables depuis trois cents ans, mais s'il en résulte de la destruction de l'écologie et par conséquent de l'humanité, cela est alors Stupide.

- Envoyer une cinquantaine de robots sur Mars pour y faire des analyses bactériologiques et ainsi nous prémunir de toute possible contagion d'un potentiel virus ou bactérie martienne qui pourrait être incurable sur terre, avant d'y envoyer des astronautes, est une bonne méthode NOstupide de prévention.

- S'il est prouvé que les arbres sont dotés d'intelligence, ainsi que tous les insectes, les animaux et les autres espèces qui constituent et interagissent dans une forêt, alors, il y a dans cet ensemble une intelligence collective, écologique et universelle propre à la nature de cette forêt.

- C'est grâce à son Intelligence, que l'humain peut éprouver des sensations, avoir des intuitions, mais aussi être rationnel, irrationnel, Stupide ou NOstupide.

Intelligence (en bref) : phénomène transcendantal et universel, de ce qui résulte de la capacité d'un ou plusieurs cerveaux, provoquant systématiquement des conséquences plus ou moins NOstupides ou Stupides. Sans antonyme.

NOstulticité : néologisme, composé du préfixe privatif ou négatif avec double majuscule « NO », et de « Stulticité », indiquant ce qui est du bon raisonnement, du bon sens, de la bonne réflexion juste et mesurée. Synonyme : NOstupidité. Antonyme : Stulticité.

NOstupidité : néologisme, composé du préfixe privatif ou négatif avec double majuscule « NO », et du terme « Stupidité » dans son interprétation contemporaine. C'est un phénomène transcendantal et universel produit par l'Intelligence qui engendre la compréhension correcte des choses, donnant des Idées et des Actes NOstupides (non-stupides) qui, à leur tour, engendrent le Bien-Être, la Construction et l'Évolution. Antonyme : Stupidité. Synonyme : NOstulticité.

NOstupidité Humaine : phénomène découlant de l'Intelligence, propre à la Nature-Humaine-Progressive et Évolutive, dont tout être humain, sans exception, est conditionné et peut faire preuve par la justesse de raisonnement, de jugement, de réflexion, vis-à-vis d'idées ou d'actes donnés, provoquant ainsi le Bien-Être pour soi et pour autrui, la Construction et l'Évolution Humaine.

NOstupidologie : science, qui utilisant les principes de la NOstupidité, étudie la NOstupidité et la Stupidité, deux phénomènes découlant des différents processus et types d'Intelligence. L'étude s'applique à une multitude de domaines comme la théologie, la philosophie, la politique, l'économie, l'écologie, la géopolitique, la médecine, l'intelligence artificielle, à tout type de sciences, d'arts ou de choses connues ou restant à connaître.

NOstupidologue : terme composé du néologisme « NOstupidité », (relatif à : bon raisonnement, correct, constructif et évolutif) et « ologue » (« qui étudie », « qui parle sur »). Utilisant les principes de ce qu'est la NOstupidité, est un spécialiste de l'étude de la NOstupidologie [2].

Stulte (*stultus*) : adj. synonyme de sot, fou.

Stulticité : néologisme, ou, ancien terme oublié en français de nos jours, en latin *Stultitia (stultus)*, sottise, déraison, niaiserie, insensé, fou, est de l'ordre de ce qui bouge follement, sans raison. La Stupidité étant autrefois, l'état dans lequel nous laisse la Stulticité ; stupéfait, figé, sans mouvement (*stupeo*). Antonyme : NOstulticité.

Stultidant : néologisme, est une Variable Inconstante qui représente les différentes activités dont est capable l'Intelligence (les raisonnements, les sensations, les idées, les actes, la mémorisation, etc.), pointant ainsi dans un parcours de plusieurs directions jusqu'à aboutir à son positionnement final, qui sera par conséquent plus ou moins Stupide ou NOstupide.

Stupidité : terme dérivé du latin *Stultitia (stultus)* : sottise, déraison, niaiserie, insensé, fou, et de *Stupidus* : rester étourdi, engourdi, stupéfait, interdit, de ce qui stagne, demeurer Stupide. C'est un phénomène transcendantal et universel produit par l'Intelligence qui engendre la compréhension incorrecte des choses, dans le sens qu'il produit des Idées et des Actes Stupides, qui à leur tour engendrent le Mal-Être, la Destruction et la Stagnation de l'Évolution. Antonyme : NOstupidité.

Stupidité Humaine : phénomène découlant de l'Intelligence, propre à la Nature Humaine Régressive et Stagnante, dont tout être humain, sans exception, est conditionné et peut faire preuve par la défaillance de raisonnement, de jugement, de réflexion, vis-à-vis d'une idée ou d'un acte donné, à un moment donné, ainsi en provoquant le Mal-Être et la Destruction, par des idées et des actes stupides, conduisant à la Stagnation de l'Évolution Humaine. Antonyme : NOstupidité Humaine.

NOTES

Notes : INTRODUCTION

1.   « *Perversi difficilè corriguntur, et stultorum infinitus est numerus.* » (« Les pervers sont difficiles à corriger et les stupides sont en nombre infini »). *L'Ecclésiaste, Chapitre 1.15, Ancien Testament* (dans l'ancienne version de la Bible).

Malgré les variations de traductions, L'Ecclésiaste reste une œuvre intéressante qui parle à plusieurs reprises de la dualité entre la stupidité et la sagesse comme un dilemme sans solution.

De nos jours, on ne retrouve plus cette traduction (ci-dessus) de L'Ecclésiaste dans la Bible contemporaine. Elle a été « modifiée » ou « corrigée », sûrement par un concile, se basant sur les textes hébreux « d'origine ». Actuellement on peut lire : « *Ce qui est tordu ne peut être redressé, et ce qui manque ne peut être compté.* »

Il est encore possible de trouver d'anciennes versions bilingues latin-français de L'Ecclésiaste, mais celle que je recommande est en espagnol, car justement elle commente cette traduction provenant de l'hébreu « *Lo torcido no se puede enderezar ; y lo falto,* lo defectuosos, *no se puede contar. »* (« Ce qui est tordu ne peut être redressé ; et ce qui manque, *le défectueux,* ne peut être compté »).

Titre original : « *La Biblia. Vulgata Latina. Traducida en español y anotada, conforme al sentido de los Santos Padres, y expositores catholicos, por el Rmo. P. Phelipe Scio de S. MIGUEL, de las Escuelas Pias, Obispo electo de - Segovia. Dedicada al Principe de Asturias Nuestro Señor. Segunda Edicion. Tomo X. Del Antiguo Testamento. Los proverbios, El Eclesiastes, y el Cantar de los Cantares. Madrid. En la imprenta de Don Benito Cano. MDCCXCVI* ». (1er janvier 1796). Page 174.

{en ligne}, {Consultation vérifiée le 23 mars 2016}. Disponible sur : https://books.google.fr/books?id=78SQQjYcOvsC&prin tsec=frontcover&hl=fr#v = onepage & q = stultorum & f = false

2. *Stultitia (Stultus).* In *Dictionnaire Félix GAFFIOT, latin-français (1934),* Page 1486 {en ligne}. Edit. Hachette. {Consultation vérifiée le 23 mars 2016}. Disponible sur : http://www.lexilogos.com/latin/gaffiot.php?q=stultitia

3. *Estulticia,* del lat. *stultitia.* 1. f. Necedad, tonteria. In *Diccionario de la lengua española. Edicion del Tricentenario* {en ligne}. *Real Academia Esañola.* La 23.ª Edit. 2014. {Consultation vérifiée le 23 mars 2016}. Disponible sur : http://dle.rae.es/?id=H2BKJpq

4. *Unda quae stupet.* - (L'eau qui est stagnante). In

Dictionnaire Félix GAFFIOT, latin-français (1934), Page 1486 {en ligne}. Edit. Hachette. {Consultation vérifiée le 23 mars 2016}. Disponible sur : http://www.lexilogos.com/latin/gaffiot.php?q=stultitia

Par ailleurs, il est intéressant de noter que *Stupeo,* fait référence à ce qui est engourdi, demeure immobile. Et, *Stupendus* : étonnant, merveilleux, de ce qui laisse en « stupéfaction ».

5. Giancarlo LIVRAGHI, italien, né à Milan (1927-2014), docteur en philosophie, est probablement le chercheur qui a consacré le plus de temps à l'étude de la relation qui existe entre la Stupidité et le Pouvoir. Dans son livre « *Il pottere della stupidità* » (« Le pouvoir de la stupidité »), il rassemble plusieurs années de recherches et d'articles publiés sur le sujet.

Aujourd'hui, on peut trouver en grande partie ses articles en italien, espagnol et en anglais, libre à la reproduction (en « *CopyFree* ») sur son site Internet : http://gandalf.it {en ligne}, {Consultation vérifiée le 23 mars 2016, de sa dernière actualisation du 26 janvier 2014}. Disponible sur : http://gandalf.it

Le fait que Giancarlo LIVRAGHI ait considéré que ses écrits devaient être libres à la reproduction (« CopyFree ») marque son caractère profondément humaniste, dans le sens que le savoir doit se propager et se transmettre pour le progrès de l'humanité, d'autant plus, quand il s'agit d'un sujet d'une importance majeure comme l'est la Stupidité au sein du pouvoir.

Son livre « *Il pottere della stupidità* », lequel regroupe l'intégralité de ses articles en rapport avec la stupidité est publié chez *M & A editori* :

LIVRAGHI Giancarlo. Il pottere della stupidità. Edit. Monti & Ambrosini S.r.l. ©2004. 196 pages. ISBN : 978-88-89479-13-1

https://www.meaed.com

Le même livre est diffusé sur *books.google*, mais uniquement pour une consultation personnelle. In *books.google.fr* : *Il pottere della stupidità* {en ligne}, {Consultation vérifiée le 23 mars 2016}. Disponible sur : https://books.google.fr/books?id=QWoGQ8Sd1uoC&pri ntsec=frontcover&hl=fr&source=gbs_ge_summary_r&ca d=0#v = onepage & q & f = false

Notamment, il est possible de trouver une version traduite en espagnol de son livre : *« El poder de la estupidez »*. Edit. Critica S. L., en su Colección Booket : © marzo 2012. 276 páginas. ISBN : 978-84-08-00378-6.

6. CIPOLLA Carlo Maria (1922 - 2000), chercheur en histoire de l'économie, italien, né à Pavia.

Il a écrit un essai humoristique merveilleux sur la stupidité humaine : « *The Basic Laws of Human Stupidity* ». Edit. Società editrice Il Mulino, Bologna, ©2011. 72 p. ISBN : 978-88-15-23381-3.

La particularité de son essai est de ne pas avoir expliqué la stupidité humaine par une définition simple, ou en cherchant l'origine de la stupidité, mais en l'encadrant par ce qui résulte de ses effets, à travers de ce qui résulte des actions et conséquences des actes d'une personne « stupide ».

7. Charles RICHET (1850-1935). *L'homme stupide.* 1919 {en ligne}. In *Les classiques des sciences sociales. Université du Québec à Chicoutimi. Une édition électronique réalisée à partir du livre Charles Richet, L'homme stupide. Paris : Ernest Flammarion, Éditeur, 1919, 220 pages.* {Consultation vérifiée le 23 mars 2016}. Disponible sur :

http://classiques.uqac.ca/classiques/richet_charles/ho mme_stupide/homme_stupide.html.   Et   sur : http://dx.doi.org/doi:10.1522/cla.ric.hom

Il est important de souligner que Charles Richet n'a pas été lauréat du prix Nobel pour son livre « L'homme stupide », mais pour avoir décrit l'anaphylaxie (une réaction allergique grave), néanmoins, il était un défenseur de l'eugénisme et ouvertement raciste.

Notes : LES QUATRE FAILLES SYSTÉMIQUES PRODUCTRICES DE STUPIDITÉ

Troisième Faille systémique : Mal comprendre la Stupidité et l'Intelligence…

1. {...} *définition latine originale (Intellegentia* [1] *; action de discerner, de comprendre. Dont le préfixe Inter-* [2] *(« entre », « au milieu de »), et du verbe Lego* [3] *(Legere à l'infinitif), signifiant « ramasser », « recueillir »)* {...}.

In *Dictionnaire Félix GAFFIOT, latin-français (1934),* Pages : [1] 836 ; [2] 838 ; [3] *898* {en ligne}. Edit.

Hachette. {Consultation vérifiée le 23 mars 2016}. Disponible sur : http://www.lexilogos.com/latin

Quatrième Faille systémique : Le Physique et la Stupidité

1. *Les décideurs politiques (présidents, sénateurs, députés etc.), {…} passent plusieurs jours en dormant très peu {…} seront capables, Stupidement, de signer des accords {…} désastreux pour le bien public.*

Bien que diffusée par plusieurs médias, l'information est notamment parue sur le site du journal *Le Monde* : Par Angela BOLIS : *Le Monde* (11/12/2015, mise à jour 12/12/2015) {en ligne} avec le titre : *« COP21 : une nuit de négociations en tweets »*. Cet extrait de l'article illustre la problématique : *« Dans le sprint final de la conférence de l'ONU sur le climat, les négociations se poursuivent jusqu'à l'aube {…} les ministres et négociateurs des 195 pays se sont réunis entre **minuit et 6 heures du matin**. »* {Consultation vérifiée le 23 mars 2016}. Disponible sur :

http://www.lemonde.fr/planete/article/2015/12/11/cop21-une-nuit-de-negociations-en-tweets_4830191_3244.html

Ces discussions n'étaient pas ouvertes à la presse. Mais Jean-Marc Nollet, un député écologiste belge qui était présent, a retransmis les étapes des négociations à travers son compte Tweeter (du 10 au 12 décembre 2015). Pour le moment, l'intégralité des Tweets est encore en ligne. Il est intéressant de constater les failles de la mise en place des discussions et de l'accord. Jean-Marc Nollet (@jmnollet) sur Tweetter. {en ligne}, {Consultation vérifiée le 23 mars

2016}. Le début de la conversation est disponible sur : https://mobile.twitter.com/jmnollet?max_id=6751041277 06337279

Grâce à cette série de messages, on s'aperçoit qu'un accord si important et vital pour l'avenir de la vie humaine sur terre a été « moyennement bien travaillé ». Alors que le problème climatique est si grave de nos jours, il faudrait se donner le temps de « prendre le temps », à tête reposée, pour que chaque pays signataire soit en accord, avec cet « Accord ». Car cette convention, qui pour certains sera considérée comme « bâclée », « injuste » ou « infaisable », ne sera pas appliquée malgré les signatures, ce qui détruira inévitablement le système de coordination et de protection écologique mondial.

Notes : INTERMÈDE OBLIGATOIRE AVANT DE CONCLURE

De la NOstulticité à la NOstupidité vers l'évolution humaine

2. 2. De la NOstupidité vers l'Évolution Humaine

1. {…} *en collaboration avec la NASA, une entreprise projette de faire un « reality show » en envoyant des participants sur Mars {…} les participants n'ont aucune garantie de rentrer en vie sur terre…*

Le projet de cette « expérience-scientifique-reality-show » s'appelle « Mars-one » et leur site internet est visible actuellement. {en ligne}, {Consultation vérifiée le 23 mars 2016}. Disponible sur : http://www.mars-one.com

Un article paru dans *Science et Avenir* et écrit par Sylvie ROUAT décrit parfaitement la situation globale de ce projet : ROUAT Sylvie. *Coloniser Mars, une mission sans retour. In Science et Avenir {en ligne}, (publié le 26 septembre 2015 et mis à jour le 29 septembre 2015) {Consultation vérifiée* le 23 mars 2016}. Disponible sur :

http://www.sciencesetavenir.fr/espace/exploration/20150924. OBS6432/coloniser-mars-une-mission-sans-retour.html

2. *{...} grâce à l'évolution, qui va des premières écritures, aux universités, en passant par la presse, le cinéma, la télévision, et finalement l'Internet, a créé un gigantesque « exo-cerveau » (Exocortex) mondial d'une Intelligence jamais connue auparavant.*

« Exo-cerveau » ou « exocortex » : est tout système artificiel de traitement d'informations extérieur au cerveau, qui complète ou multiplie les capacités cérébrales biologiques. Ex : une calculatrice, un ordinateur portable…

De nos jours, l'extension des systèmes artificiels qui augmentent nos capacités cérébrales sont pratiquement sans limite, car tout ce dont est capable un ordinateur, et qui nous est indispensable pour communiquer, mémoriser, raisonner, etc., fait partie de notre extension cérébrale : Internet, téléphone portable, etc.).

L'Évolution Humaine est NOstupide

1. *Dans un autre exemple plus violent mais pas moins connu, ce n'est pas non plus les « expériences » absurdes des « médecins psychopathes » nazis qui ont fait évoluer la médecine avec leurs horreurs.*

Il existe depuis longtemps, chez certains « scientifiques », l'idée que les expériences nazies menées sur des êtres humains, ont permis de faire évoluer la science. Tout au plus, elles ont permis de constater les manières les plus horribles de faire souffrir et tuer des gens, mais n'ont jamais apporté de nouvelles connaissances scientifiques. Aujourd'hui, d'un point de vue psychologique et psychiatrique, on peut considérer que les médecins nazis qui ont mené lesdites expériences, étaient surtout des psychopathes camouflés sous leur diplôme de médecine (voir dans Définitions : « Doctisme »). À ce propos, le Procès de Nuremberg (1946) donne lieu à une liste de critères éthiques nommés Code Nuremberg, donnant les conditions qui doivent être satisfaites pour exercer de l'expérimentation pratiquée sur des êtres humains.

Rappel Péremptoire sur l'Intelligence

Intelligence, Stupidité et NOstupidité Interespèce

1. *Certains animaux sont capables d'utiliser des outils pour se procurer de la nourriture {…}.*

Il existe sur Internet d'innombrables exemples et expériences surprenantes sur l'intelligence des animaux et précisément des corneilles. Mais je conseille surtout de voir le documentaire réalisé par Heribert Schöller : « Corbeaux et Corneilles, Bandits du ciel » (Allemagne - 2009. Diff. Arte + 7 : 20.01-27.01.2016), dont le titre original en allemand est « *Rabenvögel - Gaukler der Lüfte* ». Le documentaire est aussi disponible sur le site de *Corvus Film* {en ligne},

{Consultation vérifiée le 23 mars 2016}. Disponible sur : http://www.corvusfilm.de/videos.html

2. {…} *on trouve une otarie mâle (un mammifère) qui {…} « viole » une femelle manchot (un oiseau).*

Plusieurs articles et vidéos sont en ligne pour le même sujet. Le dilemme scientifique est de savoir s'il s'agit bien d'un viol ou pas. L'article de Morgane Kergoat explique bien la problématique. KERGOAT Morgane. « *VIDÉO. Une otarie mâle « viole » une femelle manchot. Vraiment ? ». In Science et Avenir {en ligne}, (publié le 19 novembre 2014),* {Consultation vérifiée le 23 mars 2016}. Disponible sur : *http://www.sciencesetavenir.fr/animaux/20141119.OBS5454/video-une-otarie-male-viole-une-femelle-manchot-vraiment.html*

Violence : du latin *Violentia*, (*Violentus*) impétueux, violent. **Viol** : du latin *Violo* : porter atteinte à, dévaster, endommager, profaner, outrager. In *Dictionnaire Félix GAFFIOT, latin-français (1934)*, Page 1680 {en ligne}. Edit. Hachette. {Consultation vérifiée le 23 mars 2016}. Disponible sur : http://www.lexilogos.com/latin

Le « scientifiquement parlant » se veut être objectif, il serait donc imprudent de décrire ce qu'impose l'otarie au manchot comme un « viol », car ce mot pourrait avoir une connotation « morale » (donc spécifiquement humaine) qui est « supposée » ne pas exister chez les animaux. En effet, on devrait donc parler de « coercition physique et men-tale » et non pas de « viol ».

Pourtant, il y a déjà une erreur d'appréciation, à savoir si on doit comprendre que l'otarie agresse un manchot, ou, si c'est un manchot qui est agressé par une otarie.

Savoir s'il y a « viol » ou « action coercitive », doit être considéré du point de vue de la victime et non pas de l'agresseur (comme dans tous les cas de viols). Si un viol est un viol, ce n'est pas du point de vue de celui qui agresse, ou d'une « moralité » quelconque, mais, du mal-être physique et psychique que ressent la victime de cette agression.

Comprenant cela, la considération « morale » devient donc superflue, et le mal-être devient prépondérant.

Le viol, est une agression sexuelle qui comporte un mal-être physique et psychique notoire que ressent une victime (qu'elle soit animale ou humaine).

Alors, du viol naîtra, pourquoi pas, une « moralité ». Mais ce n'est pas de la « moralité », que naît l'idée de ce qu'est un viol.

En soi, moralité ou pas, le viol reste un viol. Le manchot (femelle) a été violée (lui causant par la force, blessures physiques, sexuelles, et psychologiques).

Je conseille vivement, de voir un documentaire qui parle de la notion de justice et de morale chez les animaux, réalisé par SCHLAG Gabi : *« Éthologie : ce que ressentent les animaux »*, Allemagne (2015).
(Allemagne - 2009. Diff. Arte + 7: 05.02 - 05.05.2016)

{Consultation vérifiée le 23 mars 2016}.

Dans tous les cas, « viol » ou « action coercitive », que cela soit explicable scientifiquement, le fait reste Stupide, est cause de Mal-Être, Destruction et Stagnation.

Rappelons aussi que la Stupidité, est un produit de l'Intelligence, qui peut-être notamment à « moralité scientifique », donc pourquoi pas, équivoque.

Intelligence, Stupidité, NOstupidité Collectives Non-humaines

1. {…} *ce n'est pas uniquement parce que notre corps indique à notre cerveau que nous avons « besoin » de manger des biscuits, mais parce que nous avons des bactéries dans nos intestins {… }.*

Il existe plusieurs études sur le sujet comme souligné dans un article écrit par : LOUMÉ Lise. *Les bactéries de l'intestin informent le cerveau lorsqu'elles sont rassasiées.* In *Science et Avenir {en ligne}, (publié le 24 novembre 2015),* {Consultation vérifiée le 23 mars 2016}. Disponible sur : *http://www.sciencesetavenir.fr/sante/cerveau-et-psy/20151124.OBS0101/les-bacteries-de-l-intestin-informent-le-cerveau-lorsqu-elles-sont-rassasiees.html*

Mais je conseille aussi un documentaire réalisé par Cécile DENJEAN : « Le ventre, notre deuxième cerveau ». (France - 2013. Diff. Arte + 7: 09.10-17.10.2015) {Consultation vérifiée le 23 mars 2016}.

2. {...} *l'intermédiaire de champignons microscopiques enfouis dans la terre, pour indiquer d'arbre en arbre, où se trouvent des nutriments ou des agents pathogènes.*

Le professeur Suzanne SIMARD, professeur au *Department of Forest and Conservation Sciences, The University of British Columbia, Canada,* étudie le sujet depuis plusieurs années.

Notes : CONCLUSION : LES FONDAMENTAUX DE LA NOSTUPIDITÉ

Graphique NOstupide : Un outil d'analyse essentiel contre la Stupidité

Processus évolutif du Graphique NOstupide

1. L'essai de Carlo M. CIPOLLA, « *The Basic Laws of Human Stupidity* » [1] a été écrit à l'origine en anglais et publié dans les années soixante-dix (1976) en une version restreinte au public, et par la suite, publié dans les années quatre-vingt (1988) en italien.

Personnellement, j'ai découvert l'essai de Carlo M. Cipolla dans sa traduction française « *Les lois fondamentales de la stupidité humaine* » [2], et c'est à partir de cette version que j'ai basé mon analyse comparative avec mon essai.

Par ailleurs, je veux préciser pour les lecteurs de langue espagnole (ou autre que le français), que mon essai « *NOstupidité, la nouvelle donne* », je l'ai écrit en premier lieu en français, et par la suite, je l'ai traduit en espagnol (étant moi-même bilingue dans ces deux langues), c'est pour cette raison que mes notes font souvent référence à des textes et des liens de langue française. Heureusement, aujourd'hui, grâce aux traducteurs en ligne, les langues ne sont plus des frontières pour personne.

{1} : {Référence déjà citée en : Notes : Introduction : (6). « *The Basic Laws of Human Sutpidity* ». Edit. Società editrice Il Mulino, Bologna, ©2011, 72 p. ISBN : 978-88-15-23381-3.

{2} : Carlo M. CIPOLLA, « *Les lois fondamentales de la stupidité humaine* ». Traduit de l'anglais par Laurent BURY. Édit, Presses Universitaires de France, ©2012. 72 p. ISBN : 978-2-13-060701-4.

2.   Comme je l'ai déjà mentionné antérieurement, j'ai découvert l'essai de Cipolla dans sa traduction française, mais sachant que la version originale du texte est en anglais, j'ai cherché sur Internet des citations de la première version, et je me suis rendu compte que le mot « Helpless », utilisé à l'origine par l'auteur, a plusieurs façons de se traduire selon les langues, étant principalement « Sans-défense » (« démuni »), mais aussi « incapable », « ingénu », ou « crétin » comme ça été interprété, sûrement avec humour, dans la traduction française. En effet, étant un essai à caractère humoristique, la traduction de « helpless » peut varier considérablement, mais concernant mon essai, j'ai voulu garder l'ensemble des connotations données à ce mot   (« sans-défense »,   « incapable »,   « ingénu »,   soit, « helpless ») sans que cela soit associé à une idée péjorative, ou humoristique.

3. Cette relation de perte ou de gain, qu'on peut établir selon la catégorie des gens, appliquée dans un graphique de coordonnées cartésiennes classique, Carlo M. Cipolla l'explique de façon progressive, et essentiellement, dans les chapitres III et IV de son essai.

Dans le chapitre III, il explique comment va se définir, de manière générale, le comportement humain à l'intérieur du graphique. Et dans le chapitre IV, il précisera l'appellation de chaque type de comportement. Dans ce cas :

« **Intelligent** » : « *Si Pierre accomplit une action qui lui apporte un gain tout en en apportant un aussi à Jean, {...} il a agi de façon intelligente.* » [1].

{1} : {Référence déjà citée en : Notes : Conclusion Les Fondamentaux de la NOstupidité : 1. {2}. } Carlo M. CIPOLLA, « *Les lois fondamentales de la stupidité humaine* ». Chapitre IV, Page 33, toujours en me basant sur le texte de l'Édition française.

4. « **Stupide** » : « *Est stupide celui qui entraîne une perte pour un autre individu {...}, tout en n'en tirant lui-même aucun bénéfice et en s'infligeant éventuellement des pertes* » [1] .

{1} : {Référence déjà citée en : Notes : Conclusion Les Fondamentaux de la NOstupidité : 1. {2}. } « *Les lois fondamentales de la stupidité humaine* ». Chapitre IV, Page 34, toujours en me basant sur le texte de l'Édition française.

5. « **Bandit** » : « *Si Pierre accomplit une action qui lui permet un gain tout en causant une perte pour Jean, {...} il a agi en bandit »* [1].

{1} : {Référence déjà citée en : Notes : Conclusion Les Fondamentaux de la NOstupidité : 1. {2}. } « *Les lois fondamentales de la stupidité humaine* ». Chapitre IV, Page 33, toujours en me basant sur le texte de l'Édition française.

6. « **Helpless** » (« *Crétin* ») : « *Si Pierre accomplit une action et subit une perte tout en entraînant un gain pour Jean, {...} il a agi comme un crétin »* [1].

{1} : {Référence déjà citée en : Notes : Conclusion Les Fondamentaux de la NOstupidité : 1. {2}. } « *Les lois fondamentales de la stupidité humaine* ». Chapitre IV, Page 33, toujours en me basant sur le texte de l'Édition française.

Notes : ANNEXES

La Stupidité est aussi physique que la pensée

1. *La Stupidité chez les tortionnaires le prouve, quand ils exercent la torture psychologique sur leurs victimes, {...} ils sont capables de rendre une personne physiquement folle {...}.*

Plusieurs rapports d'Amnesty International attestent du problème de la folie engendrée par la torture ou par les « interrogatoires forcés ».

Un article paru dans le journal *Libération* parle aussi du sujet : Par GRANGEREAU Philippe, *Libération* (12 décembre 2008) {en ligne} avec le titre : *Mohamed al-Kahtani, torturé pendant 49 jours et devenu fou.* {Consulté le 14 décembre 2015}. Disponible sur :

http://www.liberation.fr/planete/2008/12/12/moham
ed-al-kahtani-torture-pendant-49-jours-et-devenu-
fou_295871

Le Dr. Colin A. Ross, psychiatre, ancien président de la Société Internationale pour l'Étude de Traumatisme et la Dissociation (1993-1994), a écrit plusieurs ouvrages sur les dysfonctionnements mentaux provoqués par des projets soutenus par la C.I.A.

Colin A. ROSS. In Wikipédia, l'encyclopédie libre {en ligne}. Wikimedia Fondation, Inc. {Consultation vérifiée le 23 mars 2016}. (Dernière modification : 31 Décembre 2015, at 10:13). Disponible sur :

https://en.wikipedia.org/wiki/Colin_A._Ross

Stupidité, Désobéissance et Légitime Défense

1. {...} *les soldats de la Première Guerre auraient désobéi aux Généraux Stupides qui les commandaient, en évitant ainsi les charniers stupides et totalement inutiles.*

Plusieurs généraux de la Première Guerre Mondiale ont été controversés à cause de leurs incompétences à occuper leur poste et leur grade. Un des principaux est le Général français Joseph Joffre, qui utilise l'emploi de la stratégie militaire de l'« offensive à outrance » (il s'agit de foncer sur l'adversaire en recherchant le corps-à-corps, pendant que de l'autre côté on vous tue à distance par balle ou canon) pour la première Bataille de la Marne (1914 : 21 000 morts,

84 000 disparus (sûrement morts) et 122 000 blessés). Pour certains, Joffre est le vainqueur de la Marne, celui qui sauve Paris de l'invasion allemande mais pour d'autres, il est le « boucher de la Marne », *celui qui a sacrifié beaucoup de vies inutilement par son incompétence.*

Joseph JOFFRE. In Wikipédia, l'encyclopédie libre {en ligne}. Wikimedia Fondation, Inc. (Dernière modification : 15 mars 2016, à 19:59). {Consultation vérifiée le 23 mars 2016}. Disponible sur :

https://fr.wikipedia.org/wiki/Joseph_Joffre

Le film « *Paths of Glory* » (« Les sentiers de la gloire » - 1957 - réalisé par Stanley Kubrick) illustre bien les côtés absurdes de la guerre des tranchées et des problèmes de commandement.

Pouvoir, Stupidité et Légitimité

1. Cette relation de cause à effet entre *le Pouvoir, la Stupidité et la Légitimité*, est magistralement représentée dans le film de Costa-Gravas, sorti en 1975 : *« Section Spéciale »*. Sous l'occupation allemande, en 1941, le jeune Colonel Fabien, un résistant (ou « terroriste », selon le point de vue), abat un militaire allemand dans la station de métro Barbès à Paris. Pour éviter des représailles de la part des nazis, le gouvernement français décide de les devancer en condamnant à mort six prisonniers innocents de ce crime (dont certains étaient déjà jugés). Pour donner une image légitime à cette peine capitale, une mascarade officielle se met en place créant ainsi « *des sections spéciales* » de cour d'appel. Le film montre, justement, l'illégitimité du gou-vernement (de Vichy) et de certains fonctionnaires, à faire

valoir leur pouvoir, stupidement.

Notes : DÉFINITIONS

1. *Doctisme* : *caractère ou doctrine d'une personne de connaissance étendue et approfondie, se dissimulant derrière un diplôme, une récompense, une académie, une organisation reconnue, de façon à vouloir paraître le garant* **légitime d'une vérité infaillible** {…}

Pour parler d'un certain aspect de la Stupidité, je me suis autorisé à établir une définition du « Doctisme », n'existant pas dans les dictionnaires actuels. La seule référence au « Doctisme » que j'ai trouvé est dans l'ouvrage *« De la Vérité, ou Méditation sur les moyens de parvenir à la vérité dans toutes les connaissances humaines »* de Jacques-Pierre Brissot de Warville (1754-1793), publié en 1782, à la page 172 : *« Les académies se regardent comme* **les dépositaires infaillibles des vérités.** *En s'établissant, elles adoptent un certain corps de* **doctisme,** *elles le prêchent partout, et le gardent avec une constance religieuse, malgré toutes les attaques des incrédules. »*

In *books.google.fr* {en ligne}, *« De la Vérité, ou Méditation sur les moyens de parvenir à la vérité dans toutes les connaissances humaines»*, *de l'imprimerie de la Société typographique, 1782 - 368 pages.* (Dernière modification : 15 mars 2016, à 19:59). {Consultation vérifiée le 23 mars 2016}. Disponible sur :

https://books.google.fr/books?id=mIwPAAAAQAAJ printsec

2. ***NOstupidologue*** et ***NOstupidologie*** **:** les termes de « Stupidologue » et de « Stupidologie », réciproquement,

semblent être des synonymes de « NOstupidologue » et « NOstupidologie », car ils sont tous voués à l'étude de la Stupidité.

Pourtant, la NOstupidité étant un terme nouveau, clairement le contraire de la Stupidité, et garant de ce qui va vers le Correct, le Bon Raisonnent, le Bien-Être, la Construction et l'Évolution, je pense qu'il serait préférable d'introduire dans le langage courant les mots de NOstupidologue et de NOstupidologie, non seulement pour ce qui est de l'étude spécialisé de la NOstupidité, mais aussi pour celle de la Stupidité, remplaçant ainsi, les termes de « Stupidologue » et de « Stupidologie ».

TABLE DES MATIÈRES

www.ingramcontent.com/pod-product-compliance
Lightning Source LLC
LaVergne TN
LVHW091710190726
843493LV00001B/229